I0458921

Apprendre le Coréen
Phrases et Vocabulaire

35 thèmes uniques
Plus de 1 650 mots et phrases
Français - Coréen - prononciation

POLYSCHOLAR

www.polyscholar.com

Contents

Introduction

Après la parution de mon premier livre à succès en 2021, <u>Apprendre le coréen pour les débutants</u>, de nombreux lecteurs m'ont demandé un ouvrage consacré au vocabulaire coréen. Ce livre est ma réponse à cette demande. J'espère qu'il vous plaira et qu'il vous sera utile. Si vous n'avez pas encore lu mon premier livre et que vous souhaitez vous en procurer un exemplaire pour améliorer vos compétences linguistiques, vous pouvez facilement le trouver en ligne.

Ce livre contient 1 650+ mots et phrases courantes issus de tous les domaines de la vie quotidienne. Cela suppose que vous ayez déjà une connaissance de base de la langue coréenne. L'apprentissage de ces phrases et mots vous aidera à communiquer en coréen, quel que soit le contexte, et rendra vos voyages en Corée du Sud plus passionnants, car vous serez capable de converser dans la langue locale.

Pour chaque mot ou phrase, j'ai inclus trois informations. Le mot en français, en coréen et la prononciation coréenne en français. Cela vous permet d'apprendre à lire, écrire et prononcer chaque phrase et chaque mot.

J'espère que ce livre vous sera utile dans votre apprentissage de la langue coréenne.

Comment utiliser ce livre :
Ce livre est conçu pour vous permettre de lire facilement les mots de vocabulaire et les phrases.

Comme vous pouvez le voir dans ces exemples, le français est à côté du coréen. Sous le français, j'ai ajouté la prononciation de ce mot coréen en français pour vous aider à vous entraîner à parler. Je vous suggère d'avoir un cahier avec vous pour vous entraîner à écrire chacun d'entre eux. Mon éditeur propose plusieurs cahiers sur son site web – www.polyscholar.com.

En cas de besoin, avant le / est le formel et après est l'informel.

Vous êtes occupé ? / Tu es occupé ? bappayo? / bappa?	바빠요? / 바빠?
tableau geulim	그림

Mots et phrases de base

일반적인 단어와 문장   ilbandjeogin daneowa moundjang

Vous êtes occupé ? / Tu es occupé ?   바빠요? / 바빠?
bappayo? / bappa?

___

Est-ce que vous avez pris un petit-déjeuner ? / Est-ce que tu as pris un petit-déjeuner ?
아침 먹었어요? / 아침 먹었어?

atchim meogeosseoyo? / atchim meogeosseo?

___

Est-ce que vous avez dîné ? / est-ce que tu as dîné ?
저녁 먹었어요 ? / 저녁 먹었어 ?

djeonyeok meogeosseoyo ? / djeonyeok meogeosseo ?

___

Est-ce que vous avez déjeuné ? / est-ce que tu as déjeuné ?
점심 먹었어요? / 점심 먹었어?

djeomshim meogeosseoyo? / djeomshim meogeosseo?

___

Vous avez bien dormi ? / Tu as bien dormi ?   잘 잤어요 ? / 잘 잤어 ?
djal djasseoyo ? / djal djasseo ?

___

Vous avez... ? / Tu as... ?   ...있어요? / ...있어?
..isseoyo? / ...isseo?

___

Vous aimez le cinéma ? / Tu aimes le cinéma ?
영화를 좋아해요? 영화를 좋아해?

yeonghwaleul djohahéyo? / yeonghwaleul djohahé?

___

Vous vous souvenez de moi ? / Tu te souviens de moi ?
저를 기억해요? / 나를 기억해?

djeoleul gieokéyo? / naleul gieoké?

___

N'en faites pas trop / N'en fais pas trop   너무 무리하지 마세요. / 너무 무리하지 마.
neomou moulihadji maséyo. / neomou moulihadji ma.

___

Bonjour   안녕하세요
annyeonghaséyo

___

Au revoir

안녕히 계세요 (quand on part) / 안녕히 가세요 (quand on reste)

annyeonghi gyéséyo / annyeonghi gaséyo

Je voulais ...

저는 ... 하고 싶었어요

djeoneun ... hago shipeosseoyo

Vous avez mangé ? / Tu as mangé ?

밥 먹었어요? / 밥 먹었어?

bap meogeosseoyo? / bap meogeosseo?

Voici mon adresse email

제 이메일 주소예요

djé iméil djousoyéyo

Voici mon numéro de téléphone

제 전화번호예요

djé djeonhwabeonhoyéyo

Comment

어떻게

eotteoké

Vous pensez quoi de...? / Tu penses quoi de...?

...어때요? / ...어때?

...eottéyo? / ...eotté?

Comment vous vous sentez ? / Comment tu te sens ?

기분이 어때요? / 기분이 어때?

gibouni eottéyo? / gibouni eotté?

Comment vont vos/tes parents ?

부모님은 어떻게 지내세요?

boumonimeun eotteoké djinéséyo?

pourquoi ?

왜요 ?

wéyo

Comment vous allez ? / Comment tu vas ?

잘 지냈어요 ? / 잘 지냈어 ?

djal djinésseoyo ? / djal djinésseo ?

ça fait combien de temps ?

얼마나 됐어요?

eolmana dwésseoyo?

Combien

얼마

eolma

Vous avez quel âge ? Tu as quel âge ?　　　　　몇 살이에요? / 몇 살이야?
myeot saliéyo? / myeot saliya?

J'ai déjà mangé　　　　　밥 먹었어요
bap meogeosseoyo

Je n'ai pas...　　　　　...없어요
..eopsseoyo

Je me suis amusé aujourd'hui　　　　　오늘 즐거웠어요
oneul djeulgeowosseoyo

J'ai...　　　　　...있어요
...isseoyo

Vous m'avez manqué / Tu m'as manqué　　　　　보고 싶었어요 / 보고 싶었어
bogo shipeosseoyo / bogo shipeosseo

J'aime le cinéma　　　　　영화를 좋아해요
yeonghwaleul djohahéyo

J'ai hâte de travailler avec vous　　　　　앞으로 잘 부탁드립니다
apeulo djal boutaktteulimnida

J'ai bien dormi　　　　　잘 잤어요
djal djasseoyo

J'ai beaucoup pensé à vous / J'ai beaucoup pensé à toi
　　　　　당신에 대해 많이 생각했어요 / 너에 대해 많이 생각했어
dangshiné déhé mani sénggakésseoyo / neoé déhé mani sénggakésseo

Je vous appellerai / Je t'appellerai　　　　　전화할게요 / 전화할게
djeonhwahalgéyo / djeonhwahalgé

Je vous enverrai un e-mail / Je t'enverrai un e-mail
　　　　　이메일을 보낼게요 / 이메일을 보낼게
iméileul bonélgéyo / iméileul bonélgé

Je vous enverrai un message / Je t'enverrai un message

문자할게요 / 문자할게

moundjahalgéyo / moundjahalgé

---

je suis flatté(e)
gwatchaniéyo

과찬이에요

Je suis très fatigué
neomou pigonhéyo

너무 피곤해요

Est-ce que je peux...
...hédo gwéntchanayo?

...해도 괜찮아요?

Il y a... ?
...isseoyo?

...있어요?

Il n'y a pas...?
...eopsseoyo?

...없어요?

ça fait longtemps
olénmaniéyo

오랜만이에요

C'est un honneur de vous rencontrer
mannaseo yeonggwangiéyo

만나서 영광이에요

---

ravi de vous rencontrer
mannaseo bangawoyo

만나서 반가워요

C'était amusant aujourd'hui
oneul djémiisseosseoyo

오늘 재미있었어요

Je voulais vous rencontrer
dangshineul mannago shipeosseoyo

당신을 만나고 싶었어요

Je voulais vous rencontrer depuis longtemps

오래전부터 만나고 싶었어요

olédjeonbouteo mannago shipeosseoyo

Je vais bien
djal djinésseoyo

잘 지냈어요

Est-ce que je pourrais avoir une autre bière s'il vous plait ?

맥주 한 잔 더 주시겠어요?

mékdjjou han djan deo djoushigésseoyo?

Je m'appelle...

제 이름은 ... 입니다

djé ileumeun ... imnida

Non

아니요

aniyo

Je ne sais pas

몰라요

mollayo

---

pas du tout

전혀

djeonhyeo

à plus tard

나중에 봐요

nadjoungé bwayo

---

salut

안녕

annyeong

Faites attention / Fais attention

조심하세요 / 조심해

djoshimhaséyo / djoshimhé

---

merci

감사합니다

gamsahamnida

---

merci de m'avoir contacté

연락해줘서 고마워요

yeollakédjwoseo gomawoyo

ça n'a aucun sens

말이 안돼요

mali andwéyo

Tout le plaisir est pour moi

천만의 말씀입니다

tcheonmani malsseumimnida

Il y a...

...있어요

...isseoyo

Il n'y a pas...
...eopsseoyo

...없어요

On se rencontre enfin
deudieo mannanéyo

드디어 만나네요

On ne s'est jamais vu avant, si ?
oulineun djeoné mannan djeogi eopdjjyo?

우리는 전에 만난 적이 없죠?

quoi
mwo

뭐

Quels sont vos hobbies ? / Quels sont tes hobbies ?

취미가 뭐예요? / 취미가 뭐야?

tchwimiga mwoyéyo? / tchwimiga mwoya?

Qu'aimez-vous faire ? / Qu'aimes-tu faire ?

뭐 하는 것을 좋아해요? / 뭐 하는 것을 좋아해?

mwo haneun geoseul djohahéyo? / mwo haneun geoseul djohahé?

Qu'est-ce que vous aimez lire ? Qu'est-ce que tu aimes lire ?

어떤 책을 읽는 것을 좋아해요? / 어떤 책을 읽는 것을 좋아해?

eotteon tchégeul ingneun geoseul djohahéyo? / eotteon tchégeul djohahé?

Qu'est-ce que vous voulez faire ? Qu'est-ce que tu veux faire ?

뭐하고 싶어요? / 뭐하고 싶어?

mwohago shipeoyo? / mwohago shipeo?

C'est quoi... ?
... mwoyéyo?

... 뭐예요?

Comment vous vous appelez ?
ileumi mwoyéyo?

이름이 뭐예요?

Quelles musiques aimez-vous ? Quelles musiques aimes-tu ?

어떤 음악을 좋아해요? / 어떤 음악을 좋아해?

eotteon eumageul djohahéyo? / eotteon eumageul djohahé?

Quelle heure est-il ?
myeot shiyéyo?

몇 시예요?

Quand eondjé	언제
On part quand ? eondjé tchoulbalhalkkayo?	언제 출발할까요?
Où eodi	어디
Vous venez d'où ? Tu viens d'où ? eodiéseo wasseoyo? / eodiéseo wasseo?	어디에서 왔어요? / 어디에서 왔어?
Vous vivez où ? Tu vis où ? eodié salayo? / eodié sala?	어디에 살아요? / 어디에 살아?
C'est où ? isseoyo	어디에 있어요?
Où sont les toilettes ? hwadjangshili eodié isseoyo?	화장실이 어디에 있어요?
On va où ? eodilo galkkayo?	어디로 갈까요?
Vous êtes né où ? / Tu es né où ? eodiseo téeonasseoyo? / eodiseo téeonasseo?	어디서 태어났어요? / 어디서 태어났어?
qui nougou	누구
Oui né	네
Je sais alayo	알아요
Votre visage me dit quelque chose natchi ingnéyo	낯이 익네요

Foyer

가정   gadjeong

réveil allamshigyé	알람시계
appartement apateu	아파트
grenier dalak	다락
cour madang	마당
sous-sol djihashil	지하실
salle de bain yoksshil	욕실
baignoire yokdjjo	욕조
lit tchimdé	침대
chambre bang	방
étagère à livres tchékdjjang	책장
plafond tcheondjang	천장
chaise euidja	의자

ordinateur keompyouteo	컴퓨터
tasse djan	잔
placard tchandjang	찬장
bureau tchékssang	책상
salle à manger shikttang	식당
lave-vaisselle shikkisétcheokki	식기세척기
porte moun	문
sol badak	바닥
pot de fleurs hwaboun	화분
congélateur néngdonggo	냉동고
poêle peulaipén	프라이팬
meubles gagou	가구
jardin djeongwon	정원

maison djip	집
bouilloire djoudjeondja	주전자
cuisine boueok	부엌
lampe lémpeu	램프
ampoule djeongou	전구
salon geoshil	거실
chambre parentale boubou tchimshil	부부 침실
armoire à pharmacie yakdjjang	약장
micro-ondes djeondjaléindji	전자레인지
miroir geooul	거울
four obeun	오븐
tableau geulim	그림
photo sadjin	사진

oreiller bégé	베개
plante shingmoul	식물
poster poseuteo	포스터
casserole némbi	냄비
radio ladio	라디오
réfrigérateur néngdjanggo	냉장고
toit djiboung	지붕
pièce bang	방
tapis leogeu	러그
douche shyawoshil	샤워실
évier / lavabo shingkeudé / sémyeondé	싱크대 / 세면대
canapé sopa	소파
escalier gyédan	계단

cuisinière léindji	레인지
table shiktak	식탁
télévision téllébidjeon	텔레비전
grille-pain toseuteo	토스터
toilettes hwadjangshil	화장실
garde-robe djangnong	장롱
machine à laver sétakki	세탁기
fenêtre tchangmoun	창문

Mots et phrases pour l'école

학교 단어와 문장   hakkyo daneowa moundjang

est-ce qu'il y a une bourse ?
djanghakkeumi innayo?

장학금이 있나요?

Le cours a été annulé
soueobi tchwisodwésseoyo

수업이 취소됐어요

Le cours a été déplacé
soueobi bakkwieosseoyo

수업이 바뀌었어요

Le cours a commencé
soueobi shidjakttwésseoyo

수업이 시작됐어요

Le cours est fini
soueobi kkeunnasseoyo

수업이 끝났어요

---

salle de classe
gyoshil

교실

Avez-vous fait vos devoirs ?
soukdjjé hésseoyo?

숙제 했어요?

Tu as raté ton examen ?
shiheomé tteoleodjyeosseo?

시험에 떨어졌어?

Tu as réussi ton examen ?
shiheomé hapkkyeokésseo?

시험에 합격했어?

Tu as pris des notes ?
pilgihésseo?

필기했어?

---

tu as passé ton examen ?
neo shiheom bwanni?

너 시험 봤니?

---

anglais
yeongeo

영어

histoire yeokssa	역사
devoir soukdjjé	숙제
Comment est le cours ? geu soueobeun eottéyo?	그 수업은 어때요?
Je suis étudiant(e) jeoneun haksséngiéyo	저는 학생이에요
Je suis aussi étudiant(e) djeodo haksséngiéyo	저도 학생이에요
je suis perdu djeoneun hétkkallyeoyo	저는 헷갈려요
Je n'ai pas fait mes devoirs soukdjjéleul hadji anasseoyo	숙제를 하지 않았어요
J'ai fait mes devoirs soukdjjéleul hésseoyo	숙제를 했어요
Je n'ai pas compris ihé mothésseoyo	이해 못했어요
J'ai une question djilmoun isseoyo	질문 있어요
J'habite dans un dortoir djeoneun gisoukssaé salayo	저는 기숙사에 살아요
Je vais faire l'appel tchoulseogeul bouleulgéyo	출석을 부를게요
C'est une question difficile geugeon himdeuleun moundjéiéyo	그건 힘들은 문제이에요

C'est parti shidjaké bopsshida	시작해 봅시다
mathématiques souhak	수학
je peux voir tes notes ? noteu djom bol sou isseulkka?	노트 좀 볼 수 있을까?
directeur d'école gyodjang	교장
professeur à l'université gyosou	교수
école hakkyo	학교
science gwahak	과학
carte étudiant haksséngdjeung	학생증
Sortez le manuel gyogwaseoleul kkeonéséyo	교과서를 꺼내세요
professeur seonséngnim	선생님
examen shiheom	시험
ouvrez à la page 37 samship péidjileul pyeoséyo	37 페이지를 펴세요
Tu veux qu'on étudie ensemble ? gatchi gongbouhallé?	같이 공부할래?

ton examen s'est bien passé ? shiheom djal bwasseo?	시험 잘 봤어?
qu'est-ce que tu étudies ? neoneun mwo gongbouhé?	너는 뭐 공부해?
tu fais des études de quoi ? djeongongi mwoyéyo?	전공이 뭐예요?
à quelle heure commence le cours ? soueobeun myeot shié shidjakéyo?	수업은 몇 시에 시작해요?
à quelle heure est le déjeuner ? djeomshimeun myeot shiyéyo?	점심은 몇 시예요?
tu as obtenu ton diplôme où? eodiéseo djoleop hésseoyo?	어디에서 졸업 했어요?
tu vas où à l'école ? neoneun eodiseo hakkyoleul gani?	너는 어디서 학교를 가니?
Où est la cafétéria ? kapétélianeun eodié isseoyo?	카페테리아는 어디에 있어요?
Où est le cours ? soueobi eodié isseoyo?	수업이 어디에 있어요?
Où est la classe ? gyoshili eodié isseoyo?	교실이 어디에 있어요?
Où est votre carte étudiant ? haksséngdjeungeun eodié innayo?	학생증은 어디에 있나요?

Pays

나라 nala

Brésil beuladjil	브라질
Canada kénada	캐나다
Chine djounggouk	중국
France peulangseu	프랑스
Allemagne dogil	독일
Inde indo	인도
Italie itallia	이탈리아
Japon ilbon	일본
Corée du Sud / Corée du Nord déhanmingouk / boukan	대한민국 / 북한
Mexique méksshiko	멕시코
Pakistan pakiseutan	파키스탄
Portugal poleutougal	포르투갈

| Russie | 러시아 |
| leoshia | |

| Espagne | 스페인 |
| seupéin | |

| Taïwan | 대만 |
| déman | |

| États-Unis | 미국 |
| migouk | |

| Royaume-Uni | 영국 |
| yeonggouk | |

Vêtements
옷   ot

soutien-gorge
beulédjieo
브래지어

robe
wonpiseu
원피스

tongs
djjoli
쪼리

chapeau
modja
모자

veste
djékit
재킷

jean
tcheongbadji
청바지

pantalon
badji
바지

sandales
séndeul
샌들

écharpe
mokttoli
목도리

chemise
shyeotcheu
셔츠

chaussures
shinbal
신발

short
banbadji
반바지

jupe tchima	치마
chaussettes yangmal	양말
costume djeongdjang	정장
pull seuwéteo	스웨터
sous-vêtements sogot	속옷

Jour férié

공휴일 gonghyouil

Jour de la Libération gwangbokdjjeol	광복절
Thanksgiving tchousougamsadjeol	추수감사절
Jour du Mouvement pour l'Indépendance samildjeol	삼일절
Saint-Valentin balléntaindéi	발렌타인데이
Anniversaire de Bouddha boutcheonimoshinnal	부처님오신날
Fête des Enfants eolininal	어린이날
Chuseok tchouseok	추석
Journée du Hangeul hangeullal	한글날
Nouvel An lunaire seollal	설날
Jour de la Fondation du pays gétcheondjeol	개천절
Nouvel An séhé	새해
Réveillon du Nouvel an seottalgeumeum	섣달그믐

Noël
keuliseumaseu

크리스마스

Pâques
bouhwaldjeol

부활절

Halloween
hallowin

할로윈

journée en l'honneur des soldats morts pour la patrie

현충일

hyeontchoungil

Ascension
djounim seungtcheon détchougil

주님 승천 대축일

Toussaint
modeun seongin détchougil

모든 성인 대축일

Lundi de Pâques
bouhwaldjeol wolyoil

부활절 월요일

Pentecôte
osoundjeol

오순절

Armistice
yeongnyeong ginyeomil

영령 기념일

Fête du Travail
nodongdjeol

노동절

Fête nationale française
peulangseu hyeongmyeong ginyeomil

프랑스 혁명 기념일

8 mai
youleop djeonseung ginyeomil

유럽 전승 기념일

Assomption
seongmo seungtcheon

성모 승천

Appareils éléctroniques

전자제품   djeondjadjépoum

appli ép	앱
Apple TV épeul tibi	애플 TV
téléphone hyoudédjeonhwa	휴대전화
ordinateur keompyouteo	컴퓨터
téléchargement daoullodeu	다운로드
Fire TV paieo tibi	파이어 TV
clavier djapan	자판
ordinateur portable noteubouk	노트북
écran moniteo	모니터
souris maouseu	마우스
radio ladio	라디오
smartphone seumateupon	스마트폰

montre connectée seumateuwotchi	스마트워치
tablette tép	탭
télévision téllébidjeon	텔레비전
sans fil mouseon	무선

Moyen de transport

교통수단   gyotongsoudan

avion bihénggi	비행기
vélo djadjeongeo	자전거
bateau / navire bé	배
voiture djadongtcha	(자동)차
jet djéteugi	제트기
moto otobai	오토바이
barque djogakppé	조각배
SUV éseuyoubeui	SUV
taxi téksshi	택시
remorque teuléilleo	트레일러
camion teuleok	트럭
van seunghaptcha	승합차

Nombres

숫자　　　soutdjja

Un il / hana	일 / 하나
Deux i / doul	이 / 둘
Trois sam / sét	삼 / 셋
Quatre sa / nét	사 / 넷
Cinq o / daseot	오 / 다섯
Six youk / yeoseot	육 / 여섯
Sept tchil / ilgop	칠 / 일곱
Huit pal / yeodeol	팔 / 여덟
Neuf gou / ahop	구 / 아홉
Dix ship / yeol	십 / 열
Onze shibil / yeolhana	십일 / 열하나
Douze shibi / yeoldoul	십이 / 열둘

Treize shipssam / yeolsét	십삼 / 열셋
Quatorze shipssa / yeollét	십사 / 열넷
Quinze shibo / yeoldaseot	십오 / 열다섯
Seize shibyouk / yeolyeoseot	십육 / 열여섯
Dix-sept shiptchil / yeolilgop	십칠 / 열일곱
Dix-huit shippal / yeolyeodeol	십팔 / 열여덟
Dix-neuf shipkkou / yeolahop	십구 / 열아홉
Vingt iship / seumoul	이십 / 스물
Vingt et un ishibil / seumoulhana	이십일 / 스물하나
Trente samship / seoleun	삼십 / 서른
Quarante saship / maheun	사십 / 마흔
Cinquante oship / shwin	오십 / 쉰
Soixante youksship / yésoun	육십 / 예순

Soixante-dix tchilship / ilheun	칠십 / 일흔
Quatre-vingts palship / yeodeun	팔십 / 여든
Quatre-vingt-dix gouship / aheun	구십 / 아흔
Cent bék	백
Mille tcheon	천
Dix mille man	만
Cent mille shimman	십만
Un million béngman	백만

Famille

가족   gadjok

bébé agi	아기
copain namdja tchingou	남자 친구
grand frère oppa / hyeong	오빠 (pour les femmes) / 형 (pour les hommes)
enfant ai	아이
cousin, cousine satchon	사촌
papa appa	아빠
fille ttal	딸
est-ce que vous avez des traditions familiales ? gapoungi innayo?	가풍이 있나요?
Famille gadjok	가족
père abeodji	아버지
copine yeodja tchingou	여자 친구

grand-père / papi halabeodji	할아버지
grand-mère / mamie halmeoni	할머니
grand-parents djoboumonim	조부모님
mari nampyeon	남편
Je suis enfant unique wédongiéyo	외동이에요
Je suis l'aîné(e) djeoneun tcheotdjjéyéyo	저는 첫째예요
Je suis le/la plus jeune djeoneun mangnéiéyo	저는 막내이에요
J'ai une grande famille djé gadjogeun dégadjogiéyo	제 가족은 대가족이에요
J'ai une petite famille djé gadjogeun sogadjogiéyo	제 가족은 소가족이에요
J'ai quatre frères et soeurs djeoneun né myeongé hyeongdjédjaméga isseoyo	저는 네 명의 형제자매가 있어요
J'ai été adopté(e) djeoneun ibyangdwésseoyo	저는 입양됐어요
marié(e) gihon	기혼

maman eomma	엄마
mère eomeoni	어머니
Mon père s'est remarié abeodjiga djéhonhashyeosseoyo	아버지가 재혼하셨어요
Ma mère s'est remariée eomeoniga djéhonhashyeosseoyo	어머니가 재혼하셨어요
Mes parents sont divorcés ouli boumonimeun ihonhashyeosseoyo	우리 부모님은 이혼하셨어요
... a été adopté(e) ...ibyangdwésseoyo	...입양됐어요
parents boumonim	부모님
grande soeur eonni / nouna	언니 (pour les femmes) / 누나 (pour les hommes)
fils adeul	아들
époux / épouse boubou	부부
Rien ne vaut son chez soi djippoda djoheun goshi eopsseoyo	집보다 좋은 곳이 없어요
Ce sont mes parents i boundeuleun djé boumonimiéyo	이 분들은 제 부모님이에요

C'est ma famille

i boundeuleun djé gadjogiéyo

이 분들은 제 가족이에요

C'est mon grand frère

이 사람은 제 오빠예요 (pour les femmes) / 이 사람은 제 형이에요 (pour les hommes)

i salameun djé oppayéyo / i salameun djé hyeongiéyo

C'est ma grande soeur

이 사람은 제 언니예요 (pour les femmes) / 이 사람은 제 누나예요 (pour les hommes)

i salameun djé eonniyéyo / i salameun djé nounayéyo

C'est mon petit frère

djé namdongsén

제 남동생이에요

C'est ma petite soeur

djé yeodongséngiéyo

제 여동생이에요

On ne se ressemble pas

oulineun seolo damdji anasseoyo

우리는 서로 닮지 않았어요

On se dispute beaucoup

oulineun mani ssawoyo

우리는 많이 싸워요

On aime des choses différentes

oulineun daleun geoseul djohahéyo

우리는 다른 것을 좋아해요

On se ressemble

oulineun seolo dalmasseoyo

우리는 서로 닮았어요

Quelle est la différence d'âge ?

nai tchaiga eotteoké dwénayo?

나이 차이가 어떻게 되나요?

---

femme

ané

아내

Vous ressemblez à votre père / Tu ressembles à ton père

아빠를 닮았네요 / 너는 아빠를 닮았네

appaleul dalmannéyo / neoneun appaleul dalmanné

Vous ressemblez à votre mère / Tu ressembles à ta mère

엄마를 닮았네요 / 너는 엄마를 닮았네

eommaleul dalmannéyo / neoneun eommaleul dalmanné

---

petit frère   남동생

namdongséng

---

petite soeur   여동생

yeodongséng

Votre famille a l'air heureuse / Ta famille a l'air heureuse

당신의 가족은 행복해 보여요 / 너의 가족은 행복해 보여

dangshiné gadjogeun héngboké boyeoyo / neoé gadjogeun héngboké boyeo

Shopping

쇼핑   shyoping

Ajouter au panier
jangbagouni damgi

장바구니 담기

Est-ce que je peux l'échanger ?
igeo gyohwanhal sou innayo?

이거 교환할 수 있나요?

Est-ce que je peux avoir une réduction ?
halineul badeul sou innayo?

할인을 받을 수 있나요?

Est-ce que je peux payer par carte ?
hinyongkadeulo gyésanhédo dwénayo?

신용카드로 계산해도 되나요?

Est-ce que je peux payer en espèces ?
hyeongeumeulo gyésanhédo dwénayo?

현금으로 계산해도 되나요?

Est-ce que je peux mettre cet article de côté ?
igeo ttalo bogwanhé djoushil sou innayo?

이거 따로 보관해 주실 수 있나요?

Est-ce que je peux retourner cet article ?
igeo banpoumhal sou innayo?

이거 반품할 수 있나요?

Est-ce que je peux essayer ça ?
igeo ibeo bwado dwélkkayo?

이거 입어 봐도 될까요?

---

espèces
hyeongeum

현금

---

caisse
gyésandé

계산대

---

carte
shinyongkadeu

신용카드

Est-ce que vous l'avez en stock ?	재고 남아있나요?
djégo namainnayo?	
Est-ce que vous l'avez dans une autre couleur ?	이거 다른 색은 없나요?
igeo daleun ségeun eomnayo?	
Est-ce que vous l'avez en rouge ?	이거 빨간색으로 있나요?
igeo ppalganségeulo innayo?	
je l'ai acheté pendant les soldes	이거 세일할 때 샀어요
igeo séilhal tté sasseoyo	
Vous êtes ouverts jusqu'à quelle heure ?	몇 시까지 영업하나요?
myeot shikkadji yeongeopanayo?	
Ça coûte combien ?	얼마예요?
eolmayéyo?	
Comment souhaitez-vous payer ?	어떻게 결제하시겠어요?
eotteoké gyeoldjéhashigésseoyo?	
Est-ce qu'il y a des soldes ?	세일 중인가요?
séil djoungingayo?	
Est-ce que c'est disponible dans un autre magasin ?	
	다른 매장에서 구매할 수 있나요?
daleun médjangéseo gouméhal sou innayo?	
ça ne me va pas	잘 안 맞아요
djal an madjayo	
ça me va bien	잘 맞아요
djal madjayo	
C'est trop grand	너무 커요
neomou keoyo	

C'est trop petit neomou djagayo	너무 작아요
Puis-je vous aider ? dowadeulilkkayo?	도와드릴까요?
en rupture de stock poumdjeol	품절
donnez-moi le ticket de caisse s'il vous plait yeongsoudjeungeul djouséyo	영수증을 주세요
Mettez le ticket dans le sac s'il vous plait yeongsoudjeungeul bongtoué neoheo djouséyo	영수증을 봉투에 넣어 주세요
faites passer les articles séparément igeoseul ttalo gyésanhé djouséyo	이것을 따로 계산해 주세요
il y a un trou goumeongi isseoyo	구멍이 있어요
Vous cherchez quelque chose ? mwo tchadjeushineungeo isseuséyo?	뭐 찾으시는거 있으세요?
Quelles sont vos heures d'ouverture ? yeongeopsshigani eotteoké dwéséyo?	영업시간이 어떻게 되세요?
Quel est le prix ? gagyeogi eolmaingayo?	가격이 얼마인가요?
Quelle est votre taille ? saidjeuga eotteoké dwéséyo?	사이즈가 어떻게 되세요?
Vous ouvrez à quelle heure ? myeotsshié moun yeonayo?	몇시에 문 여나요?

Couleurs

색   sék

beige béidji	베이지
noir geomeunsék / geomdjeongsék / kkamansék	검은색 / 검정색 / 까만색
bleu palansék	파란색
Bronze tcheongdongsék	청동색
marron galsék	갈색
Craie bounpil	분필
crayon de couleur ségyeonpil	색연필
coloriage séktchil	색칠
craie grasse keuléyong	크레용
foncée djin...	진...
indigo namsék	남색

doré geumsék	금색
gris hwésék	회색
vert tcholokssék / nokssék	초록색 / 녹색
Jade okssék	옥색
clair / pâle yeon...	연...
bleu ciel haneulsék	하늘색
feutre sainpén	사인펜
orange djouhwangsék	주황색
peinture péinteu	페인트
pêche (couleur) bokssoungasék	복숭아색
stylo bolpén	볼펜
crayon à papier yeonpil	연필

rose pingkeusék / bounhongsék	핑크색 / 분홍색
violet bolasék	보라색
couleurs de l'arc-en-ciel moudjigésék	무지개색
rouge ppalgansék	빨간색
ombre / nuance eumyeong	음영
argenté eunsék	은색
marron clair hwanggalsék	황갈색
Turquoise tcheongnokssék	청록색
blanc hinsék / hayansék	흰색 / 하얀색
jaune nolansék	노란색

Restaurant

식당　　　　shikttang

bar
술집
souldjip

L'addition, s'il vous plaît
계산서 주세요
gyésanseo djouséyo

---

vous avez une réservation ?
예약하셨나요?
yéyakashyeonnayo?

---

boisson
음료
eumnyo

---

nourriture
음식
eumshik

Donnez-moi juste quelques minutes de plus.
몇 분만 더 주세요
myeot bounman deo djouséyo

Vous avez déjà goûté ça ?
이거 먹어 봤어요?
igeo meogeo bwasseoyo?

J'ai le ventre plein
배불러요
béboulleoyo

---

est-ce que je peux avoir un doggy bag ?
남은 음식 싸 주실 수 있나요?
nameun eumshik ssa djoushil sou innayo?

---

c'est épicé ?
이거 매워요 ?
igeo méwoyo ?

Vous voulez vous asseoir à cette table ?
이 테이블에 앉으시겠어요?
i téibeulé andjeushigésseoyo?

Pourriez-vous me donner des baguettes ? djeotkkalak djom djoushigésseoyo?	젓가락 좀 주시겠어요?
Pourriez-vous me donner une fourchette ? pokeu djom djoushigésseoyo?	포크 좀 주시겠어요?
est-ce que je pourrais avoir un verre d'eau, s'il vous plaît ? moul han djan djoushigésseoyo?	물 한 잔 주시겠어요?
Pouvez-vous me montrer la liste des vins ? wain mongnogeul boyeodjoushigésseoyo?	와인 목록을 보여주시겠어요?
Je peux prendre votre commande ? djoumounhashigésseoyo?	주문하시겠어요?
table téibeul	테이블
La nourriture est froide eumshigi tchagawoyo	음식이 차가워요
Ce n'est pas ce que j'ai commandé djéga djoumounhan eumshigi aniéyo	제가 주문한 음식이 아니에요
vous avez quelles bières ? eotteon mékdjjouga innayo?	어떤 맥주가 있나요?
Qu'est-ce qu'il y a dans ce plat ? i eumshigéneun moueoshi deuleoinnayo?	이 음식에는 무엇이 들어있나요?
vous avez quels sodas ? eotteon sodaga innayo?	어떤 소다가 있나요?
Pourquoi ça prend autant de temps ? wé ileoké olé geollinayo?	왜 이렇게 오래 걸리나요?

Vous voulez vous asseoir au bar ?   바에 앉으시겠어요?
baé andjeushigésseoyo?

à l'aéroport

공항에서   gonghangéseo

Les sièges ont été attribués à l'avance ? djwaseogi mili bédjeongdwéeonnayo?	좌석이 미리 배정되었나요?
Est-ce qu'il y a des objets interdits ? geumdji moulpoum innayo ?	금지 물품 있나요 ?
Est-ce que je peux avoir un autre siège ? daleun djwaseok badeul sou innayo?	다른 좌석 받을 수 있나요?
Est-ce que je dois enlever mon chapeau ? modjaleul beoseoya hanayo?	모자를 벗어야 하나요?
Est-ce que je dois enlever mes chaussures ? shinbaleul beoseoya hanayo?	신발을 벗어야 하나요?
Est-ce que je dois sortir mon ordinateur portable ? noteubougeul kkeonéya ha	노트북을 꺼내야 하나요?
Avez-vous une carte d'embarquement ? tapsseunggwoneul gadjigo gyéséyo?	탑승권을 가지고 계세요?
Est-ce que je peux avoir un siège au milieu ? djounggan djwaseok badeul sou innayo ?	중간 좌석 받을 수 있나요 ?
Vous avez un visa? bidjaga isseumnikka?	비자가 있습니까?
Est-ce que je peux avoir un siège côté fenêtre ? tchangga djwaseok badeul sou innayo ?	창가 좌석 받을 수 있나요 ?
Est-ce que je peux avoir un siège côté couloir ? tongno djwaseok badeul sou innayo	통로 좌석 받을 수 있나요

Vous vous êtes enregistré ?
tchékeuin hésseumnikka?

체크인 했습니까?

Voici mon numéro de réservation
yeogi djé yéyakppeonhoyéyo

여기 제 예약번호예요

De combien dépasse mon bagage ?
djé gabangi eolmana tchogwadwén geongayo?

제 가방이 얼마나 초과된 건가요?

Je crois que je vais rater mon avion
bihénggileul nottchil geot gatayo

비행기를 놓칠 것 같아요

Je suis en première classe
ildeungseogé isseoyo

일등석에 있어요

J'ai une réservation.
yéyakésseoyo

예약했어요

Je crois que j'ai oublié mon passeport à la maison

여권을 집에 두고 온 것 같아요

yeogwoneul djibé dougo on geot gatayo

J'ai perdu mon sac
djé gabangeul ileobeolyeosseoyo

제 가방을 잃어버렸어요

J'ai perdu ma valise
djé yeohénggabangeul ileobeolyeosseoyo

제 여행가방을 잃어버렸어요

Je dois m'enregistrer
tchékeuin héya héyo

체크인 해야 해요

Je vais le prendre en cabine
ginéyong gabang gadjigo deuleogalgéyo

기내용 가방 가지고 들어갈게요

Je vais payer le supplément
tchougayogeum nélgéyo

추가요금 낼게요

Je vais enlever des affaires
moulgeon djom ppélgéyo

물건 좀 뺄게요

Je voudrais souscrire une assurance voyage yeohéng boheomé gaipago shipeoyo	여행 보험에 가입하고 싶어요
Je voudrais m'enregistrer tchékeuin hago shipeoyo	체크인 하고 싶어요
Où puis-je échanger de l'argent ? eodiéseo hwandjeonhal sou innayo?	어디에서 환전할 수 있나요?
L'avion part à l'heure ? bihénggiga djeongshié tchoulbalhanayo?	비행기가 정시에 출발하나요?
Quels sont les frais d'excédent de bagages ? tchogwa souhamoul yogeumi eolmaingayo?	초과 수하물 요금이 얼마인가요?
Est-ce un aller simple ? pyeondoishingayo?	편도이신가요?
Est-ce un aller-retour ? wangbogishingayo?	왕복이신가요?
C'est la queue ? igé djouliéyo?	이게 줄이에요?
C'est un vol direct djikangimnida	직항입니다
Mes bagages sont endommagés djé djimi sonsangdwésseoyo	제 짐이 손상됐어요
Mes bagages ne sont pas encore arrivés djé djimi adjik annawasseoyo	제 짐이 아직 안나왔어요
Pourriez-vous vérifier ma réservation ? djé yéyageul hwaginhé djoushigésseoyo ?	제 예약을 확인해 주시겠어요 ?
votre carte d'embarquement, s'il vous plait tapsseunggwoneul boyeodjouséyo	탑승권을 보여주세요

votre passeport, s'il vous plait
yeogwoneul boyeodjouséyo

여권을 보여주세요

L'avion est plein
bihénggiga manseogimnida

비행기가 만석입니다

L'avion était en retard ?
bihénggiga yeontchakénnayo?

비행기가 연착했나요?

L'embarquement va commencer
got bihénggi tapsseungeul shidjakagésseumnida

곧 비행기 탑승을 시작하겠습니다

Quel est le taux de change ?
hwanyouli eotteoké dwénayo?

환율이 어떻게 되나요?

Je dois aller à quelle porte d'embarquement ?
myeot beon géiteulo gamyeon dwénayo?

몇 번 게이트로 가면 되나요?

À quelle heure est l'embarquement ?
tapsseungshiganeun eondjéingayo?

탑승시간은 언제인가요?

Quelle est l'heure d'arrivée ?
dotchak shiganeun eondjéimnikka?

도착 시간은 언제입니까?

Quelle est l'heure de départ ?
tchoulbal shiganeun eondjéimnikka?

출발 시간은 언제입니까?

La première classe embarque quand ?

퍼스트 클래스는 언제 비행기에 탑승하나요 ?

peoseuteu keulléseuneun eondjé bihénggié tapsseunghanayo ?

Où sont les chariots ?
kateu eodié isseoyo ?

카트 어디에 있어요 ?

Où sont les toilettes ?
hwadjangshileun eodié innayo?

화장실은 어디에 있나요?

Où puis-je récupérer mes bagages ?
souhamoul tchanneun goseun eodié isseoyo?

수하물 찾는 곳은 어디에 있어요?

Où est la porte d'embarquement ? géiteuga eodiingayo?	게이트가 어디인가요?
Où est mon siège ? djé djwaseogi eodiéyo?	제 좌석이 어디에요?
Où est le comptoir d'enregistrement ? tchékeuin kaounteoga eodié innayo?	체크인 카운터가 어디에 있나요?
Où sont les magasins duty free ? myeonsédjeomeun eodié isseoyo?	면세점은 어디에 있어요?
Quelle compagnie aérienne ? eoneu hanggongsaimnikka?	어느 항공사입니까?
Avez-vous des bagages à enregistrer ? boutchil djimi isseuséyo?	부칠 짐이 있으세요?
Votre bagage dépasse la limite de poids souhamoul mougéga tchogwadwéeosseumnida	수하물 무게가 초과되었습니다
Votre vol de correspondance a été annulé yeongyeol hanggongpyeoni tchwisodwéeosseumnida	연결 항공편이 취소되었습니다

Dans l'avion

비행기에서　　　bihénggiéseo

Je peux aller aux toilettes ?
hwadjangshil gamyeon andwénayo?

화장실 가면 안되나요?

Est-ce que je peux changer de siège ?
daleun djwaseogeulo omgyeodo dwénayo?

다른 좌석으로 옮겨도 되나요?

Est-ce que vous pouvez me donner un masque pour dormir ?

안대를 줄 수 있나요?

andéleul djoul sou innayo?

J'ai le mal des transports
meolmiga nayo

멀미가 나요

J'ai la nausée
tohal geot gatayo

토할 것 같아요

C'est une situation d'urgence
gingeup sanghwangimnida

긴급 상황입니다

---

est-ce que je peux voir le menu ?
ményou bol sou isseulkkayo?

메뉴 볼 수 있을까요?

Mon bagage à main est lourd
djé ginébanipssouhamouli mougeowoeoyo

제 기내반입수하물이 무거워어요

Attachez votre ceinture de sécurité
andjeonbélteuleul tchagyonghé djoushipsshio

안전벨트를 착용해 주십시오

Veuillez remplir votre carte d'arrivée
ipkkoukkadeuleul djaksseonghé djouséyo

입국카드를 작성해 주세요

Veuillez remplir ce formulaire de déclaration en douane

세관 신고서를 작성해 주세요

ségwan shingoseoleul djaksseonghé djouséyo

Suivez les instructions de l'équipage

승무원의 지시를 따라주세요

seungmouwoni djishileul ttaladjouséyo

Donnez-moi une couverture, s'il vous plaît.

담요 하나 주시겠어요?

damyo hana djoushigésseoyo?

Est-ce que vous pouvez m'aider à trouver ma place ?

제 자리를 찾아주실 수 있나요?

djé djalileul tchadjadjoushil sou innayo?

Éteignez tous les appareils électroniques, s'il vous plaît

모든 전자 제품의 전원을 꺼 주세요

modeun djeondja djépoumi djeonwoneul kkeo djouséyo

Pourriez-vous replier la table ?

식사 테이블을 접어주시겠어요?

shikssa téibeuleul djeobeodjoushigésseoyo?

Pouvez-vous relever le dossier du siège ?

좌석 등받이를 세워 수시겠씁니까?

djwaseok deungbadjileul séwo soushigésseumnikka?

S'il vous plaît, retournez à vos places

자리로 돌아가 주세요

djalilo dolaga djouséyo

Il y a un problème avec mon accoudoir

팔걸이에 문제가 있어요

palgeolié moundjéga isseoyo

Le siege ne s'incline pas

제 좌석이 젖혀지지 않아요

djé djwaseogi djeotchyeodjidji anayo

La lumière ne marche pas

독서등이 안 켜져요

doksseodeungi an kyeodjyeoyo

| L'écran ne marche pas | 화면이 잘 안나와요 |
| hwamyeoni djal annawayo | |

| Je crois que c'est mon siège | 여기는 제 좌석인 것 같아요 |
| yeogineun djé djwaseogin geot g | |

Notre avion passe actuellement dans une zone de turbulence

저희 비행기는 지금 난기류지역을 지나고 있습니다

djeohi bihénggineun djigeum nangilyoudjiyeogeul djinago isseumnida

| Quelle est l'heure locale ? | 현지 시간이 어떻게 되나요 ? |
| hyeondji shigani eotteoké dwénayo ? | |

| Quelle est la destination finale ? | 최종 목적지가 어디입니까? |
| tchwédjong mokdjjeokdjjiga eodiimnikka? | |

| Le repas sera servi quand ? | 기내식은 언제 나오나요? |
| ginéshigeun eondjé naonayo? | |

| quand est-ce qu'on atterrit ? | 언제 착륙해요? |
| eondjé tchangnyoukéyo? | |

| Quand est-ce qu'on décolle ? | 언제 이륙해요? |
| eondjé ilyoukéyo? | |

Voulez-vous du bœuf ou du poulet ?

소고기로 하시겠어요, 닭고기로 하시겠어요?

sogogilo hashigésseoyo, dakkogilo hashigésseoyo?

Pourriez-vous vérifier votre numéro de siège ?

좌석 번호를 확인해 주시겠어요?

djwaseok beonholeul hwaginhé djoushigésseoyo?

Immigration

입국심사   ipkkouksshimsa

Êtes-vous un résident permanent ?   영주권자이신가요?

yeongdjougwondjaishingayo?

Est-ce qu'un avocat peut m'accompagner ?   변호사가 저와 동행할 수 있을까요?

byeonhosaga djeowa donghénghal sou isseulkkayo?

Est-ce qu'il y a un interprète ?   통역사가 있나요?

tongyeokssaga innayo?

Avez-vous des objets interdits ?   금지 물품을 소지하고 계신가요?

geumdji moulpoumeul sodjihago gyéshingayo?

Avez-vous quelque chose à déclarer à la douane ?

세관에 신고할 물건이 있습니까?

ségwané shingohal moulgeoni isseumnikka?

Bon voyage   즐거운 여행 되세요

djeulgeooun yeohéng dwéséyo

ça va prendre combien de temps ?   얼마나 걸리나요?

eolmana geollinayo?

Combien de temps allez-vous rester ?   얼마나 오래 머무를 것입니까?

eolmana olé meomouleul geoshimnikka?

Quels sont les frais de dossier ?   신청 비용은 얼마인가요?

shintcheong biyongeun eolmaingayo?

Je suis étudiant   저는 학생이에요

djeoneun haksséngiéyo

Je suis venu pour voyager
djeoneun yeohénghaleo wasseoyo

저는 여행하러 왔어요

J'aimerais demander la naturalisation
gwihwa shintcheongeul hago shipeoyo

귀화 신청을 하고 싶어요

Je voudrais prolonger mon visa
bidjaleul yeondjanghago shipeoyo

비자를 연장하고 싶어요

Est-ce que la double nationalité est autorisée ?
idjounggoukdjjeogi heoyongdwénayo ?

이중국적이 허용되나요 ?

---

votre visa a été approuvé
bidjaga seungindwéeosseumnida

비자가 승인되었습니다

---

votre visa a été refusé
bidjaga geoboudwéeosseumnida

비자가 거부되었습니다

---

vous pouvez y aller
gashyeodo dwémnida

가셔도 됩니다

Ce n'est pas encore à vous
adjik dangshin tchalyéga animnida

아직 당신 차례가 아닙니다

Mon visa a expiré
djé bidjaga mallyodwésseoyo

제 비자가 만료됐어요

Prenez vos affaires en partant
tteonal tté sodjipoumeul gadjyeogaséyo

떠날 때 소지품을 가져가세요

Revenez demain
néil dashi oshipsshio

내일 다시 오십시오

Vous devez remplir ce formulaire d'inscription

이 신청서를 작성하셔야 합니다

i shintcheongseoleul djaksseonghashyeoya hamnida

Veuillez effectuer un deuxième contrôle de sécurité

2 차 검사실로 가 주세요

tcha geomsashillo ga djouséyo

Laissez vos affaires ici

소지품은 여기에 두고 가세요

sodjipoumeun yeogié dougo gaséyo

La personne en charge n'est pas là

담당자가 여기 없습니다

damdangdjaga yeogi eopsseumnida

C'est une lettre de mon garant

제 보증인에게서 온 편지에요

djé bodjeunginégéseo on pyeondjiéyo

De quels documents ai-je besoin ?

필요한 서류는 무엇인가요?

pilyohan seolyouneun moueoshingayo?

De quel pays êtes-vous ?

어느 나라 사람인가요 ?

eoneu nala salamingayo ?

Quelle est la procédure de naturalisation ?

귀화 절차는 무엇인가요?

gwihwa djeoltchaneun moueoshingayo?

Que venez-vous faire en Corée ?

한국 방문 목적이 무엇인가요?

hangouk bangmoun mokdjjeogi moueoshingayo?

Quel est le but de votre voyage ?

방문 목적이 무엇인가요?

bangmoun mokdjjeogi moueoshingayo?

Quel visa possédez-vous ?

무슨 비자를 가지고 계십니까?

mouseun bidjaleul gadjigo gyéshimnikka?

Quel travail faites-vous en Corée ?

한국에서 무슨 일을 하세요?

hangougéseo mouseun ileul haséyo?

Où travaillez-vous ?

어디서 일합니까?

eodiseo ilhamnikka?

Il manque des documents seolyouga noulakttwéeosseumnida	서류가 누락되었습니다
Vous pouvez également faire une demande en ligne ollaineulodo shintcheonghal sou isseumnida	온라인으로도 신청할 수 있습니다
Vous avez besoin d'une photo sadjini pilyohamnida	사진이 필요합니다
Vous devez passer un entretien inteobyouleul héya hamnida	인터뷰를 해야 합니다
Vous devez passer dans le scanner seukéneoleul tonggwahéya hamnida	스캐너를 통과해야 합니다
Il faut le faire authentifier gongdjeungeul badaya hamnida	공증을 받아야 합니다
votre demande a été acceptée dangshiné shintcheongseoga tonggwadwéeosseumnida	당신의 신청서가 통과되었습니다
votre demande n'a pas été acceptée dangshiné shintcheongseoga tonggwadwédji anasseumnida	당신의 신청서가 통과되지 않았습니다
Vos documents ont été traités dangshini seolyouneun tcheolidwéeosseumnida	당신의 서류는 처리되었습니다
Votre passeport a expiré yeogwoni mallyodwéeosseumnida	여권이 만료되었습니다
Votre visa a expiré bidjaga mallyodwéeosseumnidaoyo?	비자가 만료되었습니다

taxi

택시   téksshi

Vous prenez le liquide ?
hyeongeum badeushinayo?

현금 받으시나요?

Vous pouvez me déposer ici
yeogié nélyeodjouséyo

여기에 내려주세요

Vous êtes arrivé à destination
mokdjjeokdjjié dotchakésseumnida

목적지에 도착했습니다

Combien ça coûte d'aller à l'aéroport ?
onghangkkadji ganeundé yogeumi eolmayéyo?

공항까지 가는데 요금이 얼마예요?

Je n'ai pas de liquide
hyeongeumi eopsseoyo

현금이 없어요

J'ai des bagages à mettre dans le coffre
teuleongkeué neoheoya hal djimi isseoyo

트렁크에 넣어야 할 짐이 있어요

Je descends ici
yeogiseo nélilgéyo

여기서 내릴게요

Je voudrais un traducteur, s'il vous plaît
beonyeokkaleul boutakamnida

번역가를 부탁합니다

Je vais payer par carte
kadeulo gyésanhalgéyo

카드로 계산할게요

Je vais vous dénoncer
shingohalgéyo

신고할게요

Est-ce que c'est un tarif fixe ?
djeongék yogeumingayo?

정액 요금인가요?

Est-ce que c'est un tarif au compteur ? miteo yogeumdélo ganayo ?	미터 요금대로 가나요 ?
Gardez la monnaie djandoneun gadjiséyo	잔돈은 가지세요
Laissez-moi vous donner l'adresse djousoleul allyeodeuligésseumnida	주소를 알려드리겠습니다
Faites demi-tour youteon haséyo	유턴 하세요
sur la gauche wéndjjogé	왼쪽에
sur la droite oleundjjogé	오른쪽에
Pouvez-vous m'appeler un taxi ? téksshi boulleodjoushil sou innayo?	택시 불러주실 수 있나요?
Pouvez-vous fermer la fenêtre, s'il vous plaît tchangmouneul dada djoushigésseoyo ?	창문을 닫아 주시겠어요 ?
Déposez-moi au centre commercial békwadjeomé nélyeodjouséyo	백화점에 내려주세요
Déposez-moi au supermarché shyoupeomakésé nélyeodjouséyo	슈퍼마켓에 내려주세요
Pouvez-vous me donner le ticket ? yeongsoudjeung djoushil sou isseoyo?	영수증 주실 수 있어요?
Prenez le chemin le plus rapide gadjang ppaleun gillo gadjouséyo	가장 빠른 길로 가주세요

Prenez le chemin le plus court gadjang gakkaoun gillo gadjouséyo	가장 가까운 길로 가주세요
Pouvez-vous ouvrir le coffre, s'il vous plaît teuleongkeuleul yeoleo djoushigésseoyo ?	트렁크를 열어 주시겠어요 ?
Pouvez-vous ouvrir la fenêtre, s'il vous plaît tchangmouneul yeoleo djoushigésseoyo ?	창문을 열어 주시겠어요 ?
Arrêtez-vous ici yeogié séwo djouséyo	여기에 세워 주세요
Emmenez-moi ici, s'il vous plaît igoseulo gadjouséyo	이곳으로 가주세요
Emmenez-moi à cet hôtel, s'il vous plaît djeo hotéllo gadjouséyo	저 호텔로 가주세요
Est-ce que vous pouvez allumer la clim ? éeokeon djom kyeodjoushil sou innayo?	에어컨 좀 켜주실 수 있나요?
Pouvez-vous conduire un peu plus vite ? djom deo ppalli oundjeonhé djoushigésseoyo?	좀 더 빨리 운전해 주시겠어요?
Emmenez-moi à l'ambassade, s'il vous plaît désagwaneulo gadjouséyo	대사관으로 가주세요
taxi téksshi	택시
merci gamsahamnida	감사합니다
La destination a changé mokdjjeokdjjiga byeongyeongdwésseoyo	목적지가 변경됐어요

On va dans la mauvaise direction

잘못된 길로 가고 있어요

djalmottwén gillo gago isseoyo

Voilà l'adresse

이것이 주소예요

igeoshi djousoyéyo

Tournez à gauche

좌회전 하세요

djwahwédjeon haséyo

Tournez à droite

우회전 하세요

ouhwédjeon haséyo

Vous allez où ?

어디 가세요?

eodi gaséyo?

---

vous me faites payer trop cher

저에게 금액을 너무 많이 청구해요

djeoégé geumégeul neomou mani tcheonggouhéyo

Ne me faites pas payer plus cher parce que je suis étranger

외국인이기 때문에 바가지 씌우지 마세요

wégouginigi ttémouné bagadji sshioudji maséyo

---

vous l'avez passé

지나쳤어요

djinatchyeosseoyo

---

vous avez passé la destination

목적지를 지나쳤어요

mokdjjeokdjjileul djinatchyeosseoyo

métro

지하철   djihatcheol

Est-ce que je suis dans le bon train ?
djéga manneun yeoltchaé tan geongayo

제가 맞는 열차에 탄 건가요 ?

Est-ce que je peux descendre ici ?
yeogiseo nélil sou innayo?

여기서 내릴 수 있나요?

Est-ce que je peux aller de l'autre côté ?
bandépyeoneulo gal sou isseulkkayo?

반대편으로 갈 수 있을까요?

Est-ce que j'ai pris le bon métro ?
yeoltchaleul djédélo tannayo?

열차를 제대로 탔나요?

Est-ce que vous avez un forfait à la journée ?
ililgwoni innayo?

일일권이 있나요?

Est-ce que vous avez un forfait au mois ?
handalgwoni innayo?

한달권이 있나요?

Est-ce que vous avez une carte du réseau ?
noseondoga innayo?

노선도가 있나요?

Est-ce que vous avez un forfait à la semaine ?
ildjouilgwoni innayo?

일주일권이 있나요?

Est-ce que vous avez un forfait à l'année ?
illyeongwoni innayo?

일년권이 있나요?

Vous prenez le liquide ?
hyeongeum badeushinayo?

현금 받으시나요?

Descendez à la prochaine station
daeum yeogéseo néliséyo

다음 역에서 내리세요

Accrochez-vous bien à la poignée sondjabileul kkwak djabeuséyo	손잡이를 꽉 잡으세요
Je peux payer comment ? gyeoldjéneun eotteoké hanayo?	결제는 어떻게 하나요?
Il reste combien d'arrêts avant ma station ? djé yeokkadji myeot djeonggeodjang namasseoyo?	제 역까지 몇 정거장 남았어요?
Quel est le tarif pour les personnes âgées ? noin yogeumeun eolmaingayo?	노인 요금은 얼마인가요?
Combien ça coûte d'aller à l'aéroport ? gonghangkkadji ganeun dé eolmaingayo?	공항까지 가는 데 얼마인가요?
ça ne me dérange pas de rester debout seo isseodo gwéntchanayo	서 있어도 괜찮아요
Je crois que je vais dans la mauvaise direction djalmottwén banghyangeulo gago inneun geot gatayo	잘못된 방향으로 가고 있는 것 같아요
Je me suis trompé de métro djihatcheoleul djalmot tasseoyo	지하철을 잘못 탔어요
C'est mon arrêt ? djé djeonggeodjangingayo?	제 정거장인가요?
C'est une place réservée aux handicapés djangéineul wihan djwaseogiéyo	장애인을 위한 좌석이에요
C'est une place réservée aux personnes âgées noindeuleul wihan djwaseogiéyo	노인들을 위한 좌석이에요
Faites-moi de la place djali djom mandeuleo djouséyo	자리 좀 만들어 주세요

Asseyez-vous andjeuséyo	앉으세요
Faites une queue, s'il vous plaît djouleul seo djouséyo	줄을 서 주세요
Prenez la ligne 1 ilhoseoneul taséyo	1 호선을 타세요
le métro arrive yeoltchaga deuleoogo isseumnida	열차가 들어오고 있습니다
Le métro va bientôt partir yeoltchaga got tchoulbalhamnida	열차가 곧 출발합니다
Le métro va marquer un arrêt de 10 minutes yeoltchaneun shippoun dongan djeongtchahal geoshimnida	열차는 10 분 동안 정차할 것입니다
Je dois prendre quelle ligne ? myeot hoseoneul taya hanayo?	몇 호선을 타야 하나요?
Je dois descendre à quelle station ? eoneu yeogéseo nélyeoya hanayo?	어느 역에서 내려야 하나요?
à quelle heure est le dernier métro ? maktcha shiganeun eondjéingayo?	막차 시간은 언제인가요?
Quand arrive le prochain métro ? daeum yeoltchaneun eondjé onayo ?	다음 열차는 언제 오나요 ?
Où est le centre des objets trouvés ? youshilmoul sénteoga eodié innayo?	유실물 센터가 어디에 있나요?
Je peux faire un changement où ? eodiseo galatal sou innayo?	어디서 갈아탈 수 있나요?

Où puis-je acheter un billet de métro ? djihatcheol tikéseun eodiseo sal sou innayo?	지하철 티켓은 어디서 살 수 있나요?
Je dois faire un changement où ? eodiseo galataya hanayo?	어디서 갈아타야 하나요?
Vous descendez où ? eodiseo néliséyo ?	어디서 내리세요 ?
Où est le personnel de la station ? yeongmouwoneun eodié innayo?	역무원은 어디에 있나요?
Où est la sortie ? tchoulgouga eodiyéyo?	출구가 어디예요?
Où est la station de métro la plus proche ? gadjang gakkaoun djihatcheolyeogi eodié innayo ?	가장 가까운 지하철역이 어디에 있나요 ?
Où est la station de métro ? djihatcheolyeogi eodié innayo ?	지하철역이 어디에 있나요 ?
Où est le distributeur de tickets ? tikét balmégineun eodié innayo?	티켓 발매기는 어디에 있나요?
Je descends de quel côté ? eoneu djjogéseo nélinayo?	어느 쪽에서 내리나요?
Pourquoi le métro est en retard ? yeoltchaga wé neunnayo?	열차가 왜 늦나요?
Vous devez faire un changement à cette station daleun noseoneulo hwanseunghéya hamnida	다른 노선으로 환승해야 합니다

À l'hôtel

호텔에서   hotéléseo

On est deux
oulineun doumyeongiéyo

우리는 2 명이에요

Êtes-vous membre Gold ?
goldeu hwéwonishingayo?

골드 회원이신가요?

Êtes-vous membre Platinum ?
peullétineom hwéwonishingayo?

플래티넘 회원이신가요?

Vous pouvez me ramener plus de glaçon, s'il vous plaît

얼음 좀 더 주세요

eoleum djom deo djouséyo

Est-ce que je peux faire le check-out plus tard ?

늦게 체크아웃해도 되나요 ?

neutkké tchékeuaouthédo dwénayo ?

---

est-ce que je peux vous donner mon nom?
djé ileumeul malsseumdeulyeodo dwélkkayo?

제 이름을 말씀드려도 될까요?

Est-ce que c'est possible d'être surclassé ?
loum eopkkeuléideu hédjoushil sou innayo?

룸 업그레이드 해주실 수 있나요?

Mettez-le sur ma note
djé bangeulo tcheonggouhé djouséyo

제 방으로 청구해 주세요

Est-ce que vous avez une chambre moins chère ?

더 저렴한 방이 있나요?

deo djeolyeomhan bangi innayo?

Est-ce que vous avez une carte de la ville ?
doshi djidoga innayo?

도시 지도가 있나요?

Avez-vous un abonnement ?
mémbeoshibi isseuséyo?

멤버십이 있으세요?

Est-ce que vous avez des chambres communicantes ?

커넥팅룸이 있나요?

keonéktingloumi innayo?

Je voudrais une chambre avec un lit double
deobeulbédeuga inneun bang djouséyo

더블베드가 있는 방 주세요

Je voudrais une chambre avec un lit simple
shinggeulbédeuga inneun bang djouséyo

싱글베드가 있는 방 주세요

Voici mon passeport
yeogi djé yeogwoniyéyo

여기 제 여권이예요

Comment je vais jusqu'à ma chambre ?
djé bangé eotteoké ganayo?

제 방에 어떻게 가나요?

Vous êtes combien de personnes au total ?
tousouk inwoneun tchong myeot bounishimnikka?

투숙 인원은 총 몇 분이십니까?

Je ne trouve pas votre réservation
yéyageul tchadjeul sou eopsseumnida

예약을 찾을 수 없습니다

Je ne me souviens plus du numéro de réservation

예약 번호가 기억나지 않아요

yéyak beonhoga gieongnadji anayo

Je n'ai pas réservé mais j'ai besoin d'une chambre

예약하지 않았지만 방이 필요해요

yéyakadji anatdjiman bangi pilyohéyo

J'ai un enfant avec moi
djeoégéneun aiga isseoyo

저에게는 아이가 있어요

J'ai beaucoup de bagages djimi manayo	짐이 많아요
J'ai perdu la clé de la chambre bang yeolswéleul ileobeolyeosseoyo	방 열쇠를 잃어버렸어요
J'ai une réservation yéyakésseoyo	예약했어요
J'ai besoin de votre carte de crédit shinyongkadeuga pilyohamnida	신용카드가 필요합니다
je vais payer en liquide hyeongeumeulo gyésanhalgéyo	현금으로 계산할게요
un hamburger s'il vous plait hémbeogeo hana djouséyo	햄버거 하나 주세요
Pouvez-vous m'appeler pour me réveiller à 7h du matin ? atchim ilgopsshié moningkol hédjoul sou innayo?	아침 7 시에 모닝콜 해줄 수 있나요?
Je voudrais faire le check-out, s'il vous plaît tchékeuaouseul hago shipeoyo	체크아웃을 하고 싶어요
je voudrais cuisiner yolihago shipeoyo	요리하고 싶어요
I would like to extend my stay tchélyouleul yeondjanghago shipeoyo	체류를 연장하고 싶어요
Je voudrais commander à manger eumshigeul djom djoumounhago shipeoyo	음식을 좀 주문하고 싶어요
Je voudrais commander un room service loumseobiseuleul djoumounhago shipeoyo	룸서비스를 주문하고 싶어요

Je voudrais parler au manager ménidjeowa tonghwahago shipeoyo	매니저와 통화하고 싶어요
Je voudrais faire le check-in, s'il vous plaît tchékeuineul hago shipeoyo	체크인을 하고 싶어요
Je voudrais un voiturier ballét pakingeul hago shipeoyo	발렛 파킹을 하고 싶어요
est-ce que le petit-déjeuner est compris ? atchimshikssaga pohamdwéeo innayo	아침식사가 포함되어 있나요?
est-ce qu'il y a une cuisine ? boueoki innayo?	부엌이 있나요?
est-ce qu'il y a des frais supplémentaires tchouga yogeumi innayo?	추가 요금이 있나요?
Signez ici, s'il vous plaît seomyeong boutaktteulimnida	서명 부탁드립니다
Pouvez-vous m'appeler un taxi ? téksshi boulleodjoushil sou innayo?	택시 불러주실 수 있나요?
Pouvez-vous changer les draps ? tchimdé shiteu galadjoul sou innayo?	침대 시트 갈아줄 수 있나요?
Pouvez-vous nettoyer la chambre ? bangeul tcheongsohé djoushil sou innayo ?	방을 청소해 주실 수 있나요 ?
Donnez-moi une chambre avec une belle vue, s'il vous plaît djeonmang djoheun bangeulo djouséyo	전망 좋은 방으로 주세요
Est-ce que je peux laisser mes bagages ? djé djim djom matkkilsou innayo ?	제 짐 좀 맡길수 있나요 ?

| Pouvez-vous ranger la chambre ? | 방을 정리해 주실 수 있나요 ? |
| bangeul djeongnihé djoushil sou innayo ? | |

| Votre passeport s'il vous plait | 여권 보여주세요 |
| yeogwon boyeodjouséyo | |

| Pouvez-vous amener mes bagages dans ma chambre ? | 제 짐을 방까지 옮겨 주시겠어요 ? |
| djé djimeul bangkkadji omgyeo djoushigésseoyo ? | |

| Mettez-le dans ma chambre | 제 방에 넣어 주세요 |
| djé bangé neoheo djouséyo | |

| Est-ce que je peux avoir un room service ? | 룸서비스를 받을 수 있을까요 ? |
| loumseobiseuleul badeul sou isseulkkayo ? | |

| La clim ne fonctionne pas | 에어컨 작동하지 않아요 |
| éeokeon djakttonghadji anayo | |

| Il n'y a pas d'eau chaude | 따뜻한 물이 안 나와요 |
| ttatteuthan mouli an nawayo | |

| On est complet | 예약이 꽉 찼습니다 |
| yéyagi kkwak tchasseumnida | |

| Mon numéro de réservation est ... | 제 예약 번호는 ...이에요 |
| djé yéyak beonhoneun ...iéyo | |

| Il y a une convention en cours | 컨벤션이 진행 중입니다 |
| keonbénshyeoni djinhéng djoungimnida | |

| Il y a des frais supplémentaires | 추가 요금이 있습니다 |
| tchouga yogeumi isseumnida | |

Tout s'est bien passé pendant votre séjour ?

숙박 중에 문제는 없었나요 ?

soukppak djoungé moundjéneun eopsseonnayo ?

Quelle carte de crédit avez-vous utilisée lors de la réservation ?

예약할 때 어떤 신용카드를 사용하셨나요?

yéyakal tté eotteon shinyongkadeuleul sayonghashyeonnayo?

Quelle est l'heure de départ la plus tardive ?

가장 늦은 체크아웃 시간은 몇 시인가요?

gadjang neudjeun tchékeuaout shiganeun myeot shiingayo?

Pouvez-vous me donner votre numéro de réservation ?

예약번호를 알려주시겠습니까?

yéyakppeonholeul allyeodjoushigésseumnikka?

À quelle heure est le check-out ?   체크아웃 시간이 언제에요?
tchékeuaout shigani eondjééyo?

Quand avez-vous fait votre réservation ?   예약은 언제 하셨나요?
yéyageun eondjé hashyeonnayo?

Où sont les escaliers ?   계단은 어디 있어요?
gyédaneun eodi isseoyo?

Où est le check-in ?   체크인 데스크는 어디에 있나요?
tchékeuin déseukeuneun eodié innayo?

Où est le concierge ?   컨시어지는 어디에 있나요?
keonshieodjineun eodié innayo?

Où est l'ascenseur ?   엘리베이터는 어디에 있나요?
éllibéiteoneun eodié innayo?

Où sont les glaçons ?   얼음은 어디에 있나요?
eoleumeun eodié innayo?

Où est la réception ? lobiga eodié innayo?	로비가 어디에 있나요?
Vous n'avez pas ma réservation ? djé yéyagi eopsseushingayo?	제 예약이 없으신가요?
Vous devez verser une caution bodjeunggeumeul néya hamnida	보증금을 내야 합니다

Demander son chemin

길 물어보기 gil mouleobogi

est-ce que je peux y aller à pied ?
geoleoseo gal sou innayo?

걸어서 갈 수 있나요?

Continuez dans cette direction
djeo djjogeulo gyésok gaséyo

저 쪽으로 계속 가세요

---

est-ce que je dois prendre un taxi ?
téksshileul taya hanayo?

택시를 타야 하나요?

Vous connaissez l'adresse ?
djousoleul aséyo?

주소를 아세요?

Suivez-moi
djeoleul ttalaoséyo

저를 따라오세요

Suivez cette route tout droit
dololeul djjouk ttalagaséyo

도로를 쭉 따라가세요

Tournez à gauche
wéndjjogeulo gaséyo

왼쪽으로 가세요

Tournez à droite
oleundjjogeulo gaséyo

오른쪽으로 가세요

Allez tout droit
ttokppalo gaséyo

똑바로 가세요

Je cherche un hôpital
byeongwoneul tchatkko isseoyo

병원을 찾고 있어요

Je cherche l'aquarium
soudjokkwaneul tchatkko isseoyo

수족관을 찾고 있어요

| Je cherche une aire de restauration | 푸드코트를 찾고 있어요 |
| poudeukoteuleul tchatkko isseoyo | |

| Je cherche le musée | 박물관을 찾고 있어요 |
| bangmoulgwaneul tchatkko isseoyo | |

| Je cherche le commissariat | 경찰서를 찾고 있어요 |
| gyeongtchalseoleul tchatkko isseoyo | |

| Je cherche la poste | 우체국을 찾고 있어요 |
| outchégougeul tchatkko isseoyo | |

| Je cherche le zoo | 동물원을 찾고 있어요 |
| dongmoulwoneul tchatkko isseoyo | |

| Je ne sais pas où ça se trouve | 어디 있는지 모르겠어요 |
| eodi inneundji moleugésseoyo | |

| Je crois que je suis perdu | 길을 잃은 것 같아요 |
| gileul ileun geot gatayo | |

| Je crois qu'on l'a dépassé | 우리는 지나친 것 같아요 |
| oulineun djinatchin geot gatayo | |

| Je vais vous aider | 도와줄게요 |
| dowadjoulgéyo | |

| Je suis perdu | 길을 잃어버렸어요 |
| gileul ileobeolyeosseoyo | |

| Est-ce que c'est près d'ici ? | 근처에 있나요? |
| geuntcheoé innayo | |

| Y a-t-il des toilettes près d'ici ? | 근처에 화장실이 있나요? |
| geuntcheoé hwadjangshili innayo? | |

C'est au cinquième étage otcheungé isseoyo	5 층에 있어요
C'est sur votre gauche wéndjjogé isseoyo	왼쪽에 있어요
C'est sur votre droite oleundjjogé isseoyo	오른쪽에 있어요
C'est juste après le commissariat gyeongtchalseoleul djinamyeon balo isseoyo	경찰서를 지나면 바로 있어요
C'est par là djeodjjogiéyo	저쪽이에요
C'est par ici idjjogiéyo	이쪽이에요
est-ce que je peux vous demander le chemin ? gil djom mouleobwado dwélkkayo?	길 좀 물어봐도 될까요?
Pourriez-vous répéter encore une fois ? dashi hanbeon malsseumhédjoushigésseoyo?	다시 한번 말씀해주시겠어요?
merci pour votre aide dowadjoushyeoseo gamsahamnida	도와주셔서 감사합니다
Il faut qu'on continue sur cette route oulineun dololeul djjouk ttalagaya héyo	우리는 도로를 쭉 따라가야 해요
Quel est le nom de ce bâtiment ? geonmoul ileumi moueoshingayo?	건물 이름이 무엇인가요?
Quel est le nom de la rue ? geoli ileumi moueoshingayo?	거리 이름이 무엇인가요?

Je suis où ? yeogiga eodiyéyo?	여기가 어디예요?
On est où sur la carte ? djidoéseo ouliga djigeum eodié innayo?	지도에서 우리가 지금 어디에 있나요?
Où est le métro ? djihatcheolyeok eodiyéyo?	지하철역 어디예요?
Où est la gare ? gitchayeogi eodié innayo?	기차역이 어디에 있나요?
C'est de quel côté ? eoneu djjogingayo?	어느 쪽인가요?
Pouvez-vous m'indiquer le chemin ? gileul allyeodjoushigésseoyo?	길을 알려주시겠어요?
Vous ne pouvez pas le rater shwipkké tchadjeul kkeoyéyo	쉽게 찾을 거예요

Santé

건강   geongang

Appliquez cette crème trois fois par jour
i keulimeul haloué sé beon baleuséyo

이 크림을 하루에 세 번 바르세요

Appelez un médecin, s'il vous plaît.
euisaleul boulleodjouséyo

의사를 불러주세요

Appelez une ambulance, s'il vous plaît
gougeuptcha boulleodjouséyo

구급차 불러주세요

Est-ce que je peux l'acheter sans ordonnance ?

이것을 처방전 없이 살 수 있나요?

igeoseul tcheobangdjeon eopsshi sal sou innayo?

Vous vous sentez mieux ?
momsangté djohadjyeonnayo?

몸상태 좋아졌나요?

Vous vous sentez moins bien ?
momsangté nappadjyeonnayo?

몸상태 나빠졌나요?

Avez-vous des allergies ?
alléleugi isseuséyo?

알레르기 있으세요?

Avez-vous des antécédents médicaux ?
byeongnyeogi innayo?

병력이 있나요?

Avez-vous une assurance maladie ?
geongangboheomi innayo?

건강보험이 있나요?

N'attrapez pas froid
gamgi geollidji maséyo

감기 걸리지 마세요

N'en faites pas trop
neomou moulihadji maséyo

너무 무리하지 마세요

Buvez beaucoup d'eau
mouleul mani mashiséyo

물을 많이 마시세요

Veuillez vous procurer les médicaments prescrits à la pharmacie

약국에서 처방약을 받으세요

yakkougéseo tcheobangyageul badeuséyo

Vous prenez vos médicaments ?
yageul bogyonghago gyéshingayo?

약을 복용하고 계신가요?

Voici votre ordonnance
yeogi tcheobangdjeonimnida

여기 처방전입니다

Comment vous vous sentez maintenant ?
idjé eotteoséyo ?

이제 어떠세요 ?

Je me sens mieux
naadjyeosseoyo

나아졌어요

Je ne me sens pas bien
momi an djohayo

몸이 안 좋아요

Je ne suis pas si malade
djeoneun geuleoké apeudji anayo

저는 그렇게 아프지 않아요

Je suis malade
apayo

아파요

J'éternue
djétchégileul héyo

재채기를 해요

Je me suis cassé le bras
pali bouleodjyeosseoyo

팔이 부러졌어요

Je me suis cassé la jambe daliga bouleodjyeosseoyo	다리가 부러졌어요
Je ne suis pas souvent malade djeoneun djadjou apeudji anayo	저는 자주 아프지 않아요
Je ne crois pas anin geot gatayo	아닌 것 같아요
J'ai la tête qui tourne eodjileowoyo	어지러워요
J'ai aucune énergie giouni eopsseoyo	기운이 없어요
Je suis tombé neomeodjyeosseoyo	넘어졌어요
J'ai de la fièvre yeoli nayo	열이 나요
J'ai mal à la tête doutongi isseoyo	두통이 있어요
J'ai une éruption cutanée baldjini sénggyeosseoyo	발진이 생겼어요
J'ai le nez qui coule konmouli nayo	콧물이 나요
J'ai des allergies alléleugiga isseoyo	알레르기가 있어요
J'ai le hoquet ttalkkoukdjjili nayo	딸꾹질이 나요

J'ai mal partout onmomi apayo	온몸이 아파요
ça continue de saigner piga gyésok nayo	피가 계속 나요
J'ai besoin d'une sieste natdjjami pilyohéyo	낮잠이 필요해요
Il me faut ces médicaments i yageul djodjéhéya héyo	이 약을 조제해야 해요
je dois vous faire une piqûre djousaleul madjaya hamnida	주사를 맞아야 합니다
On doit faire une analyse de sang hyeolék geomsaleul héya hamnida	혈액 검사를 해야 합니다
J'ai glissé mikkeuleodjyeosseoyo	미끄러졌어요
Je vais vous donner une nouvelle ordonnance sélooun tcheobangdjeoneul deuligésseumnida	새로운 처방전을 드리겠습니다
Je vais vous amener à l'hôpital byeongwoné délyeoda djoulgéyo	병원에 데려다 줄게요
J'ai des bleus sur tout le corps onmomé meongi deuleosseoyo	온몸에 멍이 들었어요
je suis épuisé neomou djitchyeosseoyo	너무 지쳤어요
J'ai une crampe djwiga nayo	쥐가 나요

je ne suis plus malade byeongi da naasseoyo	병이 다 나았어요
je suis fatigué pigonhéyo	피곤해요
Y a-t-il un hôpital près d'ici ? geuntcheoé byeongwoni innayo?	근처에 병원이 있나요?
Avez-vous d'autres symptômes ? daleun djeungsédo isseushingayo?	다른 증세도 있으신가요?
c'est un médicament générique ? bokdjjéyagingayo?	복제약인가요?
Ça aurait pu être pire deo nappeul soudo isseosseoyo	더 나쁠 수도 있었어요
Ça va prendre quelques jours myeotchil geollil geoshimnida	며칠 걸릴 것입니다
C'est une urgence eunggeupssanghwangiéyo	응급상황이에요
Allongez-vous ici yeogié nououséyo	여기에 누우세요
Je vais prendre votre tension artérielle hyeolabeul djégésseumnida	혈압을 재겠습니다
Je vais prendre votre température tchéoneul djégésseumnida	체온을 재겠습니다
Je vais vous peser tchédjoungeul djégésseumnida	체중을 재겠습니다

J'ai les lèvres gercées ipssouli teosseoyo	입술이 텄어요
je me suis fait mal au cou mogeul datchyeosseoyo	목을 다쳤어요
J'ai mal au ventre béga apayo	배가 아파요
Ouvrez la bouche ibeul beollyeodjouséyo	입을 벌려주세요
Donnez-moi les médicaments sur cette ordonnance, s'il vous plait i tcheobangdélo yageul djieo djouséyo	이 처방대로 약을 지어 주세요
Take a deep breath please shimhoheubeul haséyo	심호흡을 하세요
Prenez soin de vous momdjoli djal hashipsshiyo	몸조리 잘 하십시요
Emmenez-moi à l'hôpital, s'il vous plait byeongwoné délyeoda djouséyo	병원에 데려다 주세요
Prenez vos médicaments deux fois par jour après les repas shikssa houé halou dou beon yageul bogyonghaséyo	식사 후에 하루 두 번 약을 복용하세요
Le saignement ne s'arrête pas tchoulhyeoli meomtchoudji anseumnida	출혈이 멈추지 않습니다
Le médecin va arriver euisaga got ol geoshimnida	의사가 곧 올 것입니다

Il y a une épidémie de grippe dokkami youhénghago isseumnida	독감이 유행하고 있습니다
Ce médicament est efficace i yageun hyogwaga djosseumnida	이 약은 효과가 좋습니다
Quels sont les effets secondaires ? boudjagyongeun moueoshingayo?	부작용은 무엇인가요?
Quels sont vos symptômes ? djeungsangi eotteoké dwéséyo	증상이 어떻게 되세요?
Qu'est-ce qui vous amène ? moueoseul dowadeulilkkayo?	무엇을 도와드릴까요?
C'est quel médicament ? igeoseun eotteon yagingayo?	이것은 어떤 약인가요?
Quels médicaments prenez-vous ? eotteon yageul bogyonghago isseumnikka?	어떤 약을 복용하고 있습니까?
Quelle est la différence entre ces médicaments ? i yaktteuli tchaidjeomeun moueoshingayo?	이 약들의 차이점은 무엇인가요?
Où est le docteur ? euisaneun eodié innayo?	의사는 어디에 있나요?
Quel est le médicament le plus efficace ? eotteon yagi deo hyogwadjeogilkkayo?	어떤 약이 더 효과적일까요?
ce médicament peut vous rendre somnolent i yageul deushimyeon djollil sou isseumnida	이 약을 드시면 졸릴 수 있습니다
vous avez une éruption cutanée baldjini sénggyeosseumnida	발진이 생겼습니다

vous avez l'air d'aller bien gwéntchana boimnida	괜찮아 보입니다
Vous pouvez partir gashyeodo dwémnida	가셔도 됩니다
vous avez besoin d'une radio éksseuléi geomsaga pilyohamnida	엑스레이 검사가 필요합니다
vous avez besoin de médicaments yagi pilyohamnida	약이 필요합니다
vous devez vous enregistrer à l'accueil déseukeuéseo djeopssouleul héya hamnida	데스크에서 접수를 해야 합니다
vous devez vous enregistrer à l'hôpital byeongwoné gamyeon meondjeo djeopssouleul héya hamnida	병원에 가면 먼저 접수를 해야 합니다
Vous devriez aller voir un médecin byeongwoné ga boséyo	병원에 가 보세요
vous avez attrapé un rhume gamgié geollishyeonnéyo	감기에 걸리셨네요
votre tension est élevée hyeolabi nopsseumnida	혈압이 높습니다

Touriste

관광객   gwangwanggék

Est-ce qu'il y a toujours autant de monde ?   항상 이렇게 많은 사람들이 있나요?

hangsang ileoké maneun salamdeuli innayo?

---

est-ce que je peux entrer ?   들어가도 될까요?

deuleogado dwélkkayo?

Est-ce que je peux jeter un coup d'œil ?   구경해도 될까요?

gougyeonghédo dwélkkayo?

---

est-ce que je peux prendre une photo ?   사진을 찍어도 될까요?

sadjineul djjigeodo dwélkkayo?

---

est-ce que je peux prendre une vidéo ?   동영상을 찍어도 될까요?

dongyeongsangeul djjigeodo dwélkkayo?

---

est-ce que j'ai besoin de mon passeport ?   여권이 필요한가요?

yeogwoni pilyohangayo?

Y a-t-il une réduction pour les enfants ?   어린이 할인이 있나요?

eolini halini innayo?

Y a-t-il une réduction pour les personnes âgées ?

노인 할인이 있나요?

noin halini innayo?

---

est-ce que vous avez un audioguide en anglais ?

영어 오디오 가이드가 있나요 ?

yeongeo odio gaideuga innayo ?

Y a-t-il un guide qui parle anglais ?   영어를 사용할 수 있는 가이드가 있나요?

yeongeoleul sayonghal sou inneun gaideuga innayo?

Avez-vous un guide en anglais ? yeongeo gaideubougi innayo?	영어 가이드북이 있나요?
vous voulez que je vous prenne en photo ? sadjineul djjigeo deulilkkayo?	사진을 찍어 드릴까요?
défense d'entrer avec de la nourriture eumshik banip geumdji	음식 반입 금지
un billet enfant, s'il vous plait eolini han djang djouséyo	어린이 한 장 주세요
un billet, s'il vous plait ipdjjanggwon hana djouséyo	입장권 하나 주세요
je peux visiter pendant combien de temps ? eolma dongan gougyeonghal sou innayo?	얼마 동안 구경할 수 있나요?
Combien coûte l'entrée ? ipdjjangnyoga eolmayéyo?	입장료가 얼마예요?
Je voudrais acheter des souvenirs ginyeompoumeul djom sago shipeo	기념품을 좀 사고 싶어
je vais effectuer un contrôle de sécurité boan geomségeul hébogésseumnida	보안 검색을 해보겠습니다
Y a-t-il un restaurant à l'intérieur ? ané shikttangi innayo?	안에 식당이 있나요?
c'est un site touristique ? gwangwangdjiingayo?	관광지인가요?
C'est ça ? igeoshinga?	이것인가?

Est-ce que ce site touristique est célèbre ?
i gwangwangdjiga youmyeonghangayo?

이 관광지가 유명한가요?

Cet endroit a une importance historique
geu djangsoneun yeokssadjeogin djoungyoseongeul djinimnida

그 장소는 역사적인 중요성을 지닙니다

c'est un endroit historique
yeokssadjeogin djangsoyéyo

역사적인 장소예요

C'est un site touristique célèbre
youmyeonghan gwangwang myeongsoyéyo

유명한 관광 명소예요

C'est toujours bondé
hangsang boumbyeoyo

항상 붐벼요

C'est décevant
shilmangseuleowoyo

실망스러워요

C'est la première fois que je vois ça
djeoneun geuleon geoseul tcheoeum bwayo

저는 그런 것을 처음 봐요

C'est génial
meotdjjyeoyo

멋져요

Je n'ai jamais rien vu de tel
djeoneun ileon geoseul bon djeogi eopsseoyo

저는 이런 것을 본 적이 없어요

Soyez silencieux s'il vous plaît
djoyonghi hé djouséyo

조용히 해 주세요

Pourriez-vous baisser la voix, s'il vous plaît ?
mokssoli nattchwodjouséyo

목소리 낮춰주세요

montrez-moi vos billets, s'il vous plaît
tikéseul boyeodjouséyo

티켓을 보여주세요

Prenez des photos avec tout l'arrière-plan

사진에 배경이 전부 다 나오게 찍어 주세요

sadjiné bégyeongi djeonbou da naogé djjigeo djouséyo

Il y a beaucoup de monde

많은 사람들이 있어요

maneun salamdeuli isseoyo

Il y a beaucoup de touristes

관광객이 많아요

gwangwanggégi manayo

---

il est interdit d'entrer dans cet endroit

이 장소는 출입이 금지되어 있습니다

i djangsoneun tchoulibi geumdjidwéeo isseumnida

C'est vraiment unique

이것은 정말 독특해요

igeoseun djeongmal dokteukéyo

On est venus jusqu'ici pour rien

우리는 아무것도 없이 여기 왔어요

oulineun amougeotto eopsshi yeogi wasseoyo

Le paysage est magnifique

풍경이 예쁘네요

pounggyeongi yéppeunéyo

Quelle est l'importance de cet endroit ?

이 장소의 중요성은 무엇인가요?

i djangsoé djoungyoseongeun moueoshingayo?

C'est quoi, cet endroit ?

여긴 뭐하는 곳인가요?

yeogin mwohaneun goshingayo?

à quelle heure commence la visite guidée ?

투어는 몇 시에 시작하나요?

toueoneun myeot shié shidjakanayo?

Où sont les toilettes ?

화장실이 어디에 있나요?

hwadjangshili eodié innayo?

Où est-ce que je peux acheter un billet ?

티켓은 어디서 사나요?

tikéseun eodiseo sanayo?

Où est la sortie ? tchoulgouga eodié innayo?	출구가 어디에 있나요?
Où est la boutique de souvenirs ? ginyeompoum gagéga eodié innayo?	기념품 가게가 어디에 있나요?
Où est l'office du tourisme ? gwangwang annésoneun eodié innayo?	관광 안내소는 어디에 있나요?
Pourriez-vous prendre une photo de moi, s'il vous plaît ? sadjin djom djjigeo djoushigésseoyo?	사진 좀 찍어 주시겠어요?
oui, c'est ça né, igeoshiéyo	네, 이것이에요
vous pouvez entrer deuleogado dwémnida	들어가도 됩니다
Vous ne pouvez pas entrer deuleogamyeon an dwémnida	들어가면 안 됩니다
vous ne pouvez pas toucher mandjimyeon an dwémnida	만지면 안 됩니다

Météo

날씨   nalsshi

Les prévisions météo disent qu'il fera beau   일기예보는 맑을 거라고 나와요
ilgiyéboneun malgeul geolago nawayo

---

climatisation   에어컨
éeokeon

---

en dessous de zéro   영하
yeongha

---

tempête de neige   눈바람
nounbalam

Il fait frisquet   날씨가 쌀쌀해요
nalsshiga ssalssalhéyo

C'est ensoleillé   맑아요
malgayo

---

climat   기후
gihou

---

nuage   구름
gouleum

La pluie s'est arrêtée ?   비가 멈췄나요?
biga meomtchwonnayo?

La neige s'est arrêtée ?   눈이 멈췄나요?
nouni meomtchwonnayo?

---

pluie fine   이슬비
iseulbi

---

sécheresse gamoum	가뭄
automne gaeul	가을
Vous avez regardé la météo ? ilgiyéboleul bwasseoyo?	일기예보를 봤어요?
canicule pogyeom	폭염
il a beaucoup plu ? biga mani wasseoyo?	비가 많이 왔어요?
il a beaucoup neigé ? nouni mani wasseoyo?	눈이 많이 왔어요?
Quel temps fait-il ? nalsshiga eottéyo?	날씨가 어때요?
humidité seuptto	습도
Je ne peux pas prédire la météo nalsshileul yétcheukal souga eopsseoyo	날씨를 예측할 수가 없어요
J'aime l'automne gaeuleul djohahéyo	가을을 좋아해요
J'aime le printemps bomeul djohahéyo	봄을 좋아해요
J'aime l'été yeoleumeul djohahéyo	여름을 좋아해요

J'aime l'hiver gyeoouleul djohahéyo	겨울을 좋아해요
J'aurais dû prendre un parapluie ousaneul gadjyeowasseoya hésseoyo	우산을 가져왔어야 했어요
Le temps est nuageux nalsshiga heulyeoyo	날씨가 흐려요
Il fait froid nalsshiga tchouwoyo	날씨가 추워요
Il fait sec nalsshiga geondjohéyo	날씨가 건조해요
C'est l'automne gaeuliéyo	가을이에요
Il fait trop chaud nalsshiga neomou deowoyo	날씨가 너무 더워요
Il fait humide nalsshiga seupéyo	날씨가 습해요
Il pleut à verse biga ssodadjyeoyo	비가 쏟아져요
il pleut biga wayo	비가 와요
C'est le printemps bomiéyo	봄이에요
C'est l'été yeoleumiéyo	여름이에요

C'est la saison des pluies djangmaiéyo	장마이에요
Il fait chaud nalsshiga ttatteuthéyo	날씨가 따뜻해요
Il y a du vent. balami bouleoyo	바람이 불어요
C'est l'hiver gyeoouliéyo	겨울이에요
La pluie s'est arrêtée biga geutchyeosseoyo	비가 그쳤어요
La neige s'est arrêtée nouni geutchyeosseoyo	눈이 그쳤어요
Il va faire du soleil toute la journée halou djongil héga nal kkeoyéyo	하루 종일 해가 날 거예요
Il va pleuvoir toute la journée halou djongil biga ol kkeoyéyo	하루 종일 비가 올 거예요
Il va neiger toute la journée halou djongil nouni ol kkeoyéyo	하루 종일 눈이 올 거예요
c'est la première neige tcheonnouni wayo	첫눈이 와요
il neige nouni wayo	눈이 와요
pluie bi	비

imperméable biot	비옷
saison des pluies djangma	장마
saison gyédjeol	계절
neige noun	눈
printemps bom	봄
été yeoleum	여름
soleil hé	해
température gion	기온
Les feuilles changent de couleur danpoungi deuleoyo	단풍이 들어요
La route est gelée gili kkongkkong eoleosseoyo	길이 꽁꽁 얼었어요
La route est glissante gili mikkeuleowoyo	길이 미끄러워요
le ciel est dégagé haneuli malgayo	하늘이 맑아요

Une tempête approche. pokpoungi ogo isseoyo	폭풍이 오고 있어요
La météo s'est trompée ilgiyéboga teullyeosseoyo	일기예보가 틀렸어요
Il fait beau nalsshiga djohayo	날씨가 좋아요
Le temps s'améliore nalsshiga djohadjigo isseoyo	날씨가 좋아지고 있어요
Le temps est bizarre nalsshiga isanghéyo	날씨가 이상해요
la météo change tout le temps nalsshiga djakkou byeonhéyo	날씨가 자꾸 변해요
Le temps s'améliorera bientôt nalsshineun got djohadjil geoshimnida	날씨는 곧 좋아질 것입니다
Il y a du verglas sur la route gilé eoleumi isseoyo	길에 얼음이 있어요
tonnerre tcheondoung	천둥
typhon tépoung	태풍
parapluie ousan	우산
rayons ultraviolets djawéseon	자외선

Quelle température fait-il aujourd'hui ? *oneul gioni eottéyo ?*	오늘 기온이 어때요 ?
Quelle est votre saison préférée ? *gadjang djohahaneun gyédjeoli mwoyéyo ?*	가장 좋아하는 계절이 뭐예요 ?
Quel temps fera-t-il demain ? *néil nalsshineun eotteolkkayo?*	내일 날씨는 어떨까요?
Qu'est-ce qui ne va pas avec le temps ? *nalsshiga wé iléyo ?*	날씨가 왜 이래요 ?
hiver *gyeooul*	겨울

émotions

감정   gamdjeong

évidemment !
geuleomyo

그럼요

Incroyable
débak

대박

T'es fou ?
mitchyeosseo?

미쳤어?

Ça va ?
gwéntchanayo?

괜찮아요?

T'as perdu la tête ?
djédjeongshiniya

제정신이야

Vous êtes sérieux ? / Tu es sérieux ?
djinshimiéyo? / djinshimiya?

진심이에요? / 진심이야?

C'est cool
meoshisseoyo

멋있어요

Ne vous fâchez pas / Ne te fâche pas
hwanédji maséyo / hwanédji ma

화내지 마세요 / 화내지 마

Ne vous inquiétez pas / Ne t'inquiète pas
geokdjjeonghadji maséyo / geokdjjeonghadji ma

걱정하지 마세요 / 걱정하지 마

Sérieux ?
djindjja?

진짜?

J'ai le moral à zéro
ououlhéyo

우울해요

Je suis heureux héngbokéyo	행복해요
Je suis en colère hwaga nasseoyo	화가 났어요
Je suis vraiment en colère djindjja hwaga nasseoyo	진짜 화가 났어요
je suis triste seulpeoyo	슬퍼요
Je suis désolé djwésonghamnida	죄송합니다
Excusez-moi pour le bruit. neomou shikkeuleowoseo djwésonghamnida	너무 시끄러워서 죄송합니다
Je m'excuse pour cette erreur shilsoué déhé sagwa deulyeoyo	실수에 대해 사과 드려요
Je n'y crois pas an mideoyo	안 믿어요
J'espère que ça va s'arranger rapidement. ppalli hégyeolhal baléyo	빨리 해결할 바래요
Je suis déçu shilmangiéyo	실망이에요
Vous m'avez déçu / tu m'as déçu dangshinégé shilmanghésseoyo / neoégé shilmanghésseo	당신에게 실망했어요 / 너에게 실망했어
C'est trop dur neomou himdeuleoyo	너무 힘들어요

je suis de bonne humeur gibouni djohayo	기분이 좋아요
J'ai le cœur brisé. maeumi djjidjeodjilgeot gatayo	마음이 찢어질것 같아요
je suis de mauvaise humeur gibouni an djohayo	기분이 안 좋아요
Je suis désolé djwésonghéyo	죄송해요
je suis désolé pour le retard neudjeoseo djwésonghamnida	늦어서 죄송합니다
Je suis désolé pour vous / Je suis désolé pour toi yougamiéyo / yougamiya	유감이에요 / 유감이야
Je suis désolé de vous avoir fait attendre gidaligé héseo djwésonghamnida	기다리게 해서 죄송합니다
Il y a un problème ? moundjéga isseoyo?	문제가 있어요?
C'est fantastique hwansangdjeogiéyo	환상적이에요
C'est de ma faute djéga djal mot hésseoyo	제가 잘 못 했어요
C'est vraiment amusant djeongmal djémiisseoyo	정말 재미있어요
ça fait peur mouseowoyo	무서워요

C'est trop drôle neomou outkkyeo	너무 웃겨
Bien sûr moullonidjyo	물론이죠
je suis désolé d'entendre ça andwénnéyo	안됐네요
Arrêtez / Arrête geumanhaséyo / geumanhé	그만하세요 / 그만해
merci gamsahamnida	감사합니다
Merci de votre aide / Merci de ton aide dowadjoushyeoseo gamsahamnida / dwéeodjwoseo gomawoyo	도와주셔서 감사합니다 / 되어줘서 고마워요
Merci beaucoup djeongmal gamsahamnida	정말 감사합니다
c'est pas de chance ouni eopsseoyo	운이 없어요
Merci pour tout modeun geosé gamsahamnida	모든 것에 감사합니다
merci de m'avoir invité tchodéhé djoushyeoseo gamsahamnida	초대해 주셔서 감사합니다
c'est regrettable akkawoyo	아까워요
C'est horrible kkeumdjjikéyo	끔찍해요

J'ai vraiment hâte

djeongmal gidédwéyo

정말 기대돼요

C'est très gentil de votre part

tcham tchindjeolhashigounyo

참 친절하시군요

---

quel dommage

ashwiwoyo

아쉬워요

Qu'est-ce qui se passe ?

mouseun iliéyo ?

무슨 일이에요 ?

Tu plaisantes ?

djangnanhé?

장난해?

Vous avez été d'une grande aide / Tu as été d'une grande aide

큰 도움이 됐어요 / 큰 도움이 됐어

keun dooumi dwésseoyo / keun dooumi dwésseo

Ce n'est rien

aniéyo

아니에요

Au travail

comptable
hwégyésa

회계사

---

acteur
béou

배우

---

salaire annuel
yeonbong

연봉

---

architecte
geontchoukka

건축가

---

vous faites des heures supplémentaires ?
tchogwa geunmouleul hanayo?

초과 근무를 하나요?

---

artiste
yésoulga

예술가

---

athlète
oundongseonsou

운동선수

---

employé de banque
eunhéngwon

은행원

---

barman
baténdeo

바텐더

---

voyage d'affaires
tchouldjang

출장

---

boucher
djeongyoukdjjeom djouin

정육점 주인

---

est-ce que vous pouvez me remplacer ? djeo déshin eommouleul matadjoushigésseoyo?	저 대신 업무를 맡아주시겠어요?
carrière gyeongnyeok	경력
charpentier mokssou	목수
chef cuisinier yolisa	요리사
collègue dongnyo	동료
Venez dans la salle de réunion hwéishillo wa djouséyo	회의실로 와 주세요
venez au bureau demain néil samoushillo oséyo	내일 사무실로 오세요
Félicitations pour votre promotion. seungdjineul tchoukahamnida	승진을 축하합니다
Il est interdit de sortir avec quelqu'un au travail djikdjjangéseo déiteuhaneun geoseun geumdjidwéeo isseumnida	직장에서 데이트하는 것은 금지되어 있습니다
dentiste tchigwaisa	치과의사
designer didjaineo	디자이너
Bureau tchékssang	책상

Je dois y aller ? djéga gaya hanayo?	제가 가야 하나요?
est-ce qu'on fait beaucoup d'heures supplémentaires ? tchogwa geunmouleul mani hanayo?	초과 근무를 많이 하나요?
est-ce que je peux quitter le bureau ? twégeunhédo dwélkkayo?	퇴근해도 될까요?
médecin euisa	의사
Ne vous surmenez pas neomou moulihadji maséyo	너무 무리하지 마세요
électricien djeongi gisa	전기 기사
employeur goyongdjou	고용주
ingénieur gonghakdjja	공학자
fermier nongbou	농부
pompier sobanggwan	소방관
pêcheur eobou	어부
jardinier djeongwonsa	정원사

Allez en formation pour les nouveaux employés

신입 사원 교육을 받으러 가세요

shinip sawon gyoyougeul badeuleo gaséyo

---

coiffeur

미용사

miyongsa

Voici ma carte de visite
djé myeonghami yeogi isseumnida

제 명함이 여기 있습니다

---

il y a combien de jours de congés par an ?
yeontcha eolmana dwéséyo ?

연차 얼마나 되세요 ?

Le salaire est de combien ?
geubyeoneun eolmayéyo?

급여는 얼마예요?

J'ai changé d'entreprise
hwésaleul omgyeosseoyo

회사를 옮겼어요

Je travaille au service comptabilité
hwégyé bouseoéseo ilhamnida

회계 부서에서 일합니다

Je travaille au service informatique
djeonsan bouseoéseo ilhamnida

전산 부서에서 일합니다

Je travaille au service juridique
beommou bouseoéseo ilhamnida

법무 부서에서 일합니다

Je travaille au service marketing
makéting bouseoéseo ilhamnida

마케팅 부서에서 일합니다

Je dois partir plus tôt parce que je ne me sens pas bien

몸이 안 좋아서 일찍 퇴근해야 할 것 같습니다

momi an djohaseo ildjjik twégeunhéya hal geot gatsseumnida

Je me suis endormi djami deuleosseoyo	잠이 들었어요
Une autre entreprise m'a proposé un poste daleun hwésaéseo seukaouteu djéi badasseoyo	다른 회사에서 스카우트 제의 받았어요
j'ai envie d'apprendre beaucoup de choses mani béougo shipsseumnida	많이 배우고 싶습니다
Je viens juste de commencer ce travail i ileul mak shidjakésseumnida	이 일을 막 시작했습니다
J'ai eu une augmentation wolgeubi ollasseoyo	월급이 올랐어요
Je n'ai pas encore reçu mon salaire wolgeubeul adjik mot badasseoyo	월급을 아직 못 받았어요
J'ai un travail à temps plein djeonggyoudjigeulo ilhamnida	정규직으로 일합니다
Je travaille à mi-temps aleubaiteuleul héyo	아르바이트를 해요
Je finirai à la maison djibéseo kkeunnélgéyo	집에서 끝낼게요
Je vais travailler à la maison djétékkeunmouleul hagésseumnida	재택근무를 하겠습니다
Je suis un nouvel employé djeoneun shinipssawonimnida	저는 신입사원입니다
Je suis un stagiaire inteonimnida	인턴입니다

Je vais démissionner sadjikal kkeoyéyo	사직할 거예요
Je pars du travail twégeunhamnida	퇴근합니다
Ça doit être fait aujourd'hui oneul kkeunnéya hamnida	오늘 끝내야 합니다
ce sont des frais d'entreprise saeoppiimnida	사업비입니다
Ce sera sur votre fiche d'évaluation d'employé igeoseun dangshini djigwon pyeonggaseoé gilokttwél geoshimnida	이것은 당신의 직원 평가서에 기록될 것입니다
C'est une réunion très importante méou djoungyohan hwéiimnida	매우 중요한 회의입니다
métier djigeop	직업
entretien d'embauche myeondjeop	면접
journaliste gidja	기자
ouvrier nodongdja	노동자
avocat byeonhosa	변호사
Préparons-nous pour la présentation balpyoleul djounbihapsshida	발표를 준비합시다

Prenons une petite pause djamkkan shwipsshida	잠깐 쉽시다
mécanicien djeongbisa	정비사
réunion hwéi	회의
salaire wolgeup	월급
puéricultrice bomo	보모
infirmière ganhosa	간호사
Bureau (lieu) samoushil	사무실
employé de bureau hwésawon	회사원
Mon directeur est assez détendu ouli sadjangnimeun neugeuthéyo	우리 사장님은 느긋해요
Mon directeur est exigeant ouli sadjangnimeun kkadalowoyo	우리 사장님은 까다로워요
pharmacien yakssa	약사
photographe sadjinsa	사진사

pilote djodjongsa	조종사
Veuillez accepter la demande yotcheongeul seunginhé djouséyo	요청을 승인해 주세요
Faites vite, s'il vous plaît. ppalli hédjouséyo	빨리 해주세요
Donnez-moi le rapport d'activité hwaldong bogoseoleul djouséyo	활동 보고서를 주세요
Faites une copie pour tout le monde modouleul wihé bokssahé djouséyo	모두를 위해 복사해 주세요
signalez-le au patron sadjangnimé shingohaséyo	사장님에 신고하세요
Signez le contrat, s'il vous plaît gyéyaksseoé sainhé djouséyo	계약서에 사인해 주세요
plombier bégwangong	배관공
policier gyeongtchalgwan	경찰관
professeur (fac) gyosa	교사
programmeur peulogeulémeo	프로그래머
réparateur souligong	수리공

chercheur yeongouwon	연구원
retraité euntwédja	은퇴자
scientifique gwahakdjja	과학자
secrétaire biseo	비서
Envoyez-le par e-mail iméillo bonédjouséyo	이메일로 보내주세요
...n'est pas là aujourd'hui ...oneul yeogi eopsseumnida	...오늘 여기 없습니다
chanteur gasou	가수
militaire gounin	군인
employé de magasin djeomwon	점원
étudiant haksséng	학생
costume yangbok	양복
Allez-y doucement shwieomshwieom haséyo	쉬엄쉬엄 하세요

chauffeur de taxi téksshigisa	택시기사
professeur seonséngnim	선생님
technicien gisouldja	기술자
C'est comme ça qu'on fait ici geugeoshi ouliga yeogiseo haneun bangshigimnida	그것이 우리가 여기서 하는 방식입니다
Le dress code c'est business casual deuléseu kodeuneun bidjeuniseu kédjoueolimnida	드레스 코드는 비즈니스 캐주얼입니다
il y a beaucoup de projets maneun peulodjékteuga isseumnida	많은 프로젝트가 있습니다
il y a une réunion hwéiga isseumnida	회의가 있습니다
il y a beaucoup de choses à faire hal ili manseumnida	할 일이 많습니다
Il n'y a pas beaucoup de choses à faire hal ili byeollo eopsseumnida	할 일이 별로 없습니다
Voici ma carte de visite yeogi djé myeonghamimnida	여기 제 명함입니다
demain est un jour férié néileun hyouilimnida	내일은 휴일입니다
Demandez au service des ressources humaines insaboué mounihé boséyo	인사부에 문의해 보세요

vétérinaire souisa	수의사
Que faites-vous dans la vie ? djigeobi mwoyéyo?	직업이 뭐예요?
à quelle heure est le déjeuner ? djeomshim shiganeun myeot shiingayo?	점심 시간은 몇 시인가요?
Où est mon bureau ? (objet) djé tchékssangeun eodié innayo?	제 책상은 어디에 있나요?
Où est mon bureau ? (pièce) djé samoushileun eodié innayo?	제 사무실은 어디에 있나요?
Où est la cafétéria ? kapétélianeun eodié innayo?	카페테리아는 어디에 있나요?
Où est le café ? keopishyobeun eodié innayo?	커피숍은 어디에 있나요?
À qui dois-je demander ? nougouégé mouleobwaya hanayo ?	누구에게 물어봐야 하나요 ?
Pourquoi vous ne rentrez pas chez vous ? wé twégeunhadji aneuséyo?	왜 퇴근하지 않으세요?
lieu de travail djikdjjang	직장
auteur / écrivain djakka	작가

Commissariat

경찰서   gyeongtchalseo

Vous me menacez ?
저를 협박하는 거에요?
djeoleul hyeoppakaneun geoéyo?

---

est-ce que vous avez quelqu'un qu'on peut appeler ?
전화할 수 있는 사람이 있나요?
djeonhwahal sou inneun salami innayo?

---

cette personne a les cheveux noirs
그 사람 머리가 검은색이에요
geu salam meoliga geomeunségiéyo

Cette personne a les cheveux bruns
그 사람 머리가 갈색이에요
geu salam meoliga galségiéyo

Cette personne a les cheveux blonds
그 사람 머리가 금발이에요
geu salam meoliga geumbaliéyo

Il s'est enfui
그 남자는 도망쳤어요
geu namdjaneun domangtchyeosseoyo

Il m'a tiré dessus
그 남자는 저를 쐈어요
geu namdjaneun djeoleul sswasseoyo

---

il m'a volé
그 남자는 저에게서 훔쳤어요
geu namdjaneun djeoégéseo houmtchyeosseoyo

Il m'a menacé
그 남자는 저를 협박했어요
geu namdjaneun djeoleul hyeoppakésseoyo

Il a essayé de voler mon portefeuille
그 남자는 제 지갑을 훔치려 했어요
geu namdjaneun djé djigabeul houmtchilyeo hésseoyo

Combien d'argent a été volé ? doni eolmana donandanghénnayo?	돈이 얼마나 도난당했나요?
Je dis la vérité djinshileul malhago isseoyo	진실을 말하고 있어요
Je l'ai prise la main dans le sac geu yeodjaleul deulkyeosseoyo	그 여자를 들켰어요
Je l'ai pris la main dans le sac geu namdjaleul deulkyeosseoyo	그 남자를 들켰어요
Je ne me souviens plus gieogi an nayo	기억이 안 나요
Je n'ai pas envie de porter plainte gosohago shipdjji anayo	고소하고 싶지 않아요
J'ai été agressé djeoneun pokéngeul danghésseoyo	저는 폭행을 당했어요
je me suis fait voler par un pickpocket djeoneun sométchigileul danghésseoyo	저는 소매치기를 당했어요
On m'a volé djeoneun dodouk madjasseoyo	저는 도둑 맞았어요
J'ai besoin d'aide dooumi pilyohéyo	도움이 필요해요
Je l'ai enregistré nogeumhésseoyo	녹음했어요
Je l'ai vu bwasseoyo	봤어요

Je veux porter plainte
gosohago shipeoyo

고소하고 싶어요

Je vais vous dénoncer à la police
gyeongtchalé shingohagésseoyo

경찰에 신고하겠어요

Allons au poste de police
gyeongtchalseolo gapsshida

경찰서로 갑시다

On m'a volé mon sac
djé héndeubégeul donan danghésseoyo

제 핸드백을 도난 당했어요

On m'a volé mon portefeuille
djé djigabeul donan danghésseoyo

제 지갑을 도난 당했어요

Appelez la police
gyeongtchaleul boulleo djouséyo

경찰을 불러 주세요

Pouvez-vous remplir le formulaire, s'il vous plaît ?

서류를 작성해 주시겠습니까?

seolyouleul djaksseonghé djoushigésseumnikka?

Venez vite
ppalli wa djouséyo

빨리 와 주세요

Donnez-moi l'adresse exacte
djeonghwakan djousoleul allyeodjouséyo

정확한 주소를 알려주세요

Aidez-moi
dowadjouséyo

도와주세요

---

elle s'est enfuie
geu yeodjaneun domangtchyeosseoyo

그 여자는 도망쳤어요

Elle m'a tiré dessus
geu yeodjaneun djeoleul sswasseoyo

그 여자는 저를 쐈어요

Elle m'a volé	그 여자는 저에게서 훔쳤어요
geu yeodjaneun djeoégéseo houmtchyeosseoyo	

elle m'a menacé	그 여자는 저를 협박했어요
geu yeodjaneun djeoleul hyeoppakésseoyo	

Elle a essayé de voler mon portefeuille	그 여자는 제 지갑을 훔치려 했어요
geu yeodjaneun djé djigabeul houmtchilyeo hésseoyo	

C'est la personne là-bas	저기 있는 사람이에요
djeogi inneun salamiéyo	

Cette personne est en train de mentir	그 사람은 거짓말을 하고 있어요
geu salameun geodjinmaleul hago isseoyo	

Voici les preuves	이것이 증거이에요
igeoshi djeunggeoiéyo	

Cet homme m'a agressé	이 남자가 저를 폭행했어요
i namdjaga djeoleul pokénghésseoyo	

On est en danger	우리는 위험에 처해있어요
oulineun wiheomé tcheohéisseoyo	

Je vous contacterai dès que j'aurai des informations	정보가 나오면 연락드리겠습니다
djeongboga naomyeon yeollaktteuligésseumnida	

Je vous contacterai si j'ai besoin de plus d'informations	추가 정보가 필요하면 연락드리겠습니다
tchouga djeongboga pilyohamyeon yeollaktteuligésseumnida	

Je vais enquêter	조사해 보겠습니다
djosahé bogésseumnida	

À quoi ressemble cette personne ? i salameun eotteoké sénggyeonnayo?	이 사람은 어떻게 생겼나요?
Qu'est-ce qu'il y avait dans votre sac ? héndeubégé moueoshi isseonnayo?	핸드백에 무엇이 있었나요?
Quand est-ce que c'est arrivé ? eondjé ileonan ilingayo?	언제 일어난 일인가요?
Où est-ce que cela s'est produit ? eodiseo geuleon ili sénggyeonnayo ?	어디서 그런 일이 생겼나요 ?

Amitié

우정   oudjeong

Tout le monde fait des erreurs modeunsalameun shilsouleul héyo	모든사람은 실수를 해요
Courage ! him né	힘 내
Ne sois pas déprimé ououlhéhadji ma	우울해하지 마
N'oublie pas mes conseils djé djoeoneul itdjji ma	제 조언을 잊지 마
Ne t'inquiète pas geokdjjeonghadji ma	걱정하지 마
ami tchingou	친구
amitié oudjeong	우정
je t'envoie des bonnes ondes djoheun giouneul bonédjoulgé	좋은 기운을 보내줄게
Je sais que tu feras ce qu'il faut. naneun néga oleun ileul hal geolaneun geol ala	나는 네가 옳은 일을 할 거라는 걸 알아
J'aurais fait la même chose nado geuleoké hésseul kkeoya	나도 그렇게 했을 거야
Je peux t'aider si tu en as besoin pilyohamyeon néga dowadjoulgé	필요하면 내가 도와줄게

Je te le dis en tant qu'ami néga neoégé tchingouloseo malhaneun geoya	내가 너에게 친구로서 말하는 거야
Tu n'as pas de chance aujourd'hui neoneun oneul ouni eomnéyo	너는 오늘 운이 없네요
Ça va aller. gwéntchanadjilgeoya	괜찮아질거야
N'abandonne pas pogihadji ma	포기하지 마
Allons boire un verre handjan hadja	한잔 하자
essayons ensemble gatchi hébodja	같이 해보자
Tout le monde s'en fout amoudo shingyeong an sseo	아무도 신경 안 써
Il y a encore une chance adjik gihwéga isseo	아직 기회가 있어
on croit en toi oulineun neoleul mideo	우리는 너를 믿어
fais comme tu as envie maeumdélo hé	마음대로 해
t'es trop cool neomou meoshisseo	너무 멋있어
Tu feras mieux la prochaine fois neoneun daeumbeonéneun deo djalhal kkeoya	너는 다음번에는 더 잘할 거야

Tu as fait de ton mieux neoneun tchwéseoneul da hésseo	너는 최선을 다 했어
Tu n'as rien fait de mal neoneun djalmothan geoshi hanado eopsseo	너는 잘못한 것이 하나도 없어
Il n'y a pas de quoi s'inquiéter geokdjjeonghal pilyo eopsseo	걱정할 필요 없어
Je suis ton ami naneun neoi tchingouya	나는 너의 친구야
il faut prendre du recul han geoleum moulleonaya hé	한 걸음 물러나야 해

Vie amoureuse

애정 생활   édjeong sénghwal

Vous êtes ...(prénom) ?   당신은 ... 인가요?
dangshineun ... ingayo?

Tu vois quelqu'un ?   지금 사귀는 사람 있어?
djigeum sagwineun salam isseo?

On prend un selfie ?   우리 셀카 찍을까?
ouli sélka djjigeulkka?

est-ce que vous pouvez nous prendre en photo ?

저희 사진 좀 찍어 주시겠어요?

djeohi sadjin djom djjigeo djoushigésseoyo?

Tu as un copain ?   남자친구 있어요?
namdjatchingou isseoyo?

Tu as une copine ?   여자친구 있어요?
yeodjatchingou isseoyo?

Vous êtes mariés depuis combien de temps ?   결혼한 지 얼마나 됐어요?
gyeolhonhan dji eolmana dwésseoyo?

Vous êtes ensemble depuis combien de temps ?

사귄지 얼마나 됐어요?

sagwindji eolmana dwésseoyo?

Je suis fiancé(e)   저는 약혼했어요
djeoneun yakonhésseoyo

Je suis marié(e)   저는 결혼했어요
djeoneun gyeolhonhésseoyo

Je suis célibataire djeoneun shinggeuliéyo	저는 싱글이에요
Merci d'avoir pensé à moi naleul sénggaké djwoseo gomawo	나를 생각해 줘서 고마워
Je suis tombé(e) amoureux(se) de toi nan neowa salangé ppadjyeosseo	난 너와 사랑에 빠졌어
J'espère que ça te plaira néga djohahamyeon djokésseo	네가 좋아하면 좋겠어
Je connais un petit boui-boui heoleumhan shikttangeul alayo	허름한 식당을 알아요
Je connais un bon restaurant matdjjibeul alayo	맛집을 알아요
je t'aime salanghéyo	사랑해요

Je pense qu'on devrait arrêter de se voir

우리는 서로 만나는 걸 그만둬야 될 것 같아

oulineun seolo mannaneun geol geumandwoya dwél geot gata

Je veux que ce moment dure pour toujours

이 순간을 영원히 간직하고 싶어요

i sounganeul yeongwonhi gandjikago shipeoyo

Je voudrais aller en rendez-vous avec vous / toi

당신과 데이트하고 싶어요 / 너랑 데이트하고 싶어

dangshingwa déiteuhago shipeoyo / neolang déiteuhago shipeo

Je t'aimerai toujours neol hangsang salanghalgé	널 항상 사랑할게

| Je veux en savoir plus sur toi | 난 너에 대해 더 알고 싶어 |
| nan neoé déhé deo algo shipeo | |

| Je te ramène chez toi | 내가 데려다 줄게 |
| néga délyeoda djoulgé | |

| C'est l'intention qui compte | 중요한 것은 마음이에요 |
| djoungyohan geoseun maeumiéyo | |

| J'ai eu le coup de foudre | 첫눈에 반했어요 |
| tcheonnouné banhésseoyo | |

| On partage l'addition | 더치페이하자 |
| deotchipéihadja | |

| On part en rendez-vous | 데이트 하자 |
| déiteu hadja | |

| Je peux te tenir la main ? | 네 손 잡아도 돼? |
| né son djabado dwé? | |

| Non | 아니요 |
| aniyo | |

| non, je vais payer | 아니, 내가 낼게 |
| ani, néga nélgé | |

| ne m'appelle plus. | 더 이상 전화하지 마 |
| deo isang djeonhwahadji ma | |

| Ne m'envoie plus d'emails | 더 이상 이메일 보내지 마 |
| deo isang iméil bonédji ma | |

| Ne m'envoie plus de messages | 더 이상 메시지 보내지 마 |
| deo isang méshidji bonédji ma | |

Fais de beaux rêves

좋은 꿈 꿔

djoheun kkoum kkwo

Aujourd'hui, c'est notre anniversaire de mariage

오늘은 우리 결혼 기념일이에요

oneuleun ouli gyeolhon ginyeomiliéyo

---

on s'est éloigné l'un de l'autre

우리는 사이가 멀어졌어

oulineun saiga meoleodjyeosseo

---

vous faites quoi ce week-end ? / tu fais quoi ce week-end ?

이번 주말에 뭐해요? / 이번 주말에 뭐해?

ibeon djoumalé mwohéyo? / ibeon djoumalé mwohé?

---

vous faites quoi demain ? / tu fais quoi demain ?

내일 뭐 할 거예요? / 내일 뭐 할 거야?

néil mwo hal kkeoyéyo? / néil mwo hal kkeoya?

C'est quoi votre adresse e-mail ?

이메일 주소가 뭐에요?

iméil djousoga mwoéyo?

C'est quoi votre numéro de téléphone ?

전화번호가 뭐에요?

djeonhwabeonhoga mwoéyo?

Vous voulez dîner avec moi ? / Tu veux dîner avec moi ?

저랑 저녁 같이 먹을래요? / 나랑 저녁 같이 먹을래?

djeolang djeonyeok gatchi meogeulléyo? / nalang djeonyeok gatchi meogeullé?

Tu veux sortir avec moi ?

나랑 사귈래?

nalang sagwillé?

Oui, j'ai un copain

네, 남자친구가 있어요

né, namdjatchingouga isseoyo

Oui, j'ai une copine

네, 여자친구가 있어요

né, yeodjatchingouga isseoyo

Tu es beau neoneun djalsénggyeosseo	너는 잘생겼어
Tu es sexy neoneun séksshihé	너는 섹시해
tu es jolie neoneun yéppeo	너는 예뻐
Tu es important(e) pour moi neoneun négé djoungyohé	너는 내게 중요해
Tu vas adorer. djohahal kkeoya	좋아할 거야
Tu n'es pas mon genre neoneun né seutail aniya	너는 내 스타일 아니야

Cuisiner

요리하다   yolihada

pain ppang	빵
petit-déjeuner atchim	아침
gâteau kéikeu	케이크
dessert didjeoteu	디저트
dîner djeonyeok	저녁
plat yoli	요리
poisson séngseon	생선
fourchette pokeu	포크
Je vais préparer le dîner djeonyeok djounbihalgéyo	저녁 준비할게요
J'aime faire de la pâtisserie djeoneun hombéikingeul djohahéyo	저는 홈베이킹을 좋아해요
J'aime cuisiner djeoneun yolihaneun geol djohahéyo	저는 요리하는 걸 좋아해요

Je vais faire la vaisselle djeoneun seolgeodjileul halgéyo	저는 설거지를 할게요
glace aiseukeulim	아이스크림
couteau kal	칼
déjeuner djeomshim	점심
repas shikssa	식사
viande gogi	고기
micro-ondes djeondjaléindji	전자레인지
four obeun	오븐
poêle peulaipén	프라이팬
tarte pai	파이
casserole némbi	냄비
snack gwadja	과자

cuillère soutkkalak	숟가락
cuisinière léindji	레인지
ustensile de cuisine djoubang yongpoum	주방 용품

Animaux

동물   dongmoul

Bouquetin des Alpes alpain aibéksseu	알파인 아이벡스
Léopard de l'Amour amouleupyobeom	아무르표범
Fourmi gémi	개미
Ours noir d'Asie ashiaheukkom	아시아흑곰
Aurochs oloksseu	오록스
Blaireau osoli	오소리
Ours gom	곰
Abeille beol	벌
Musaraigne bicolore isékttatdjjwi	이색땃쥐
Oiseau sé	새
Taureau hwangso	황소

Papillon nabi	나비
Chat goyangi	고양이
Chamois shyamoua	샤무아
Guépard tchita	치타
Chimpanzé tchimpéndji	침팬지
Baleine de Minke mingkeugolé	밍크고래
Vache so	소
Crabe gé	게
crocodile ageo	악어
cerf saseum	사슴
chien gé	개
dauphin dolgolé	돌고래

canard oli	오리
aigle dokssouli	독수리
Anguille djangeo	장어
éléphant kokkili	코끼리
Blaireau européen youleobosoli	유럽오소리
Martre des pins youleopssoldambi	유럽솔담비
Chat sauvage deulgoyangi	들고양이
Salamandre tachetée bouldolongnyong	불도롱뇽
poisson moulgogi	물고기
Renard yeoou	여우
grenouille gégouli	개구리
girafe gilin	기린

chèvre yeomso	염소
oie geowi	거위
gorille golilla	고릴라
chauve-souris bakdjjwi	박쥐
tortue verte badageobouk	바다거북
cochon d'Inde ginipigeu	기니피그
hamster hémseuteo	햄스터
Hippopotame hama	하마
cheval mal	말
Salamandre de Jeju djédjoudolongnyong	제주도롱뇽
kangourou kénggeolou	캥거루
Salamandre coréenne dolongnyong	도롱뇽

Hynobius yangi golidolongnyong	고리도롱뇽
tortue luth djangsougeobouk	장수거북
léopard pyobeom	표범
lion sadja	사자
Grèbe castagneux nonbyeongali	논병아리
lézard domabém	도마뱀
Caouanne boulgeunbadageobouk	붉은바다거북
Goral à longue queue sanyang	산양
Lynx seulasoni	스라소니
Cerf sika de Mandchourie délyoukssaseum	대륙사슴
wapiti Manchurian békttousansaseum	백두산사슴
singe wonsoungi	원숭이

poulpe mouneo	문어
Plongeon du Pacifique hwéséngmeoliabi	회색머리아비
panda panda	판다
perroquet éngmousé	앵무새
manchot pénggwin	펭귄
animal de compagnie ballyeodongmoul	반려동물
cochon dwédji	돼지
pigeon bidoulgi	비둘기
ours blanc boukkeukkom	북극곰
chiot gangadji	강아지
lapin tokki	토끼
renard roux boulgeunyeoou	붉은여우

Grèbe jougris keunnonbyeongali	큰논병아리
Plongeon catmarin abi	아비
Rhinocéros koppoulso	코뿔소
requin sangeo	상어
mouton yang	양
Albatros à queue courte albateuloseu	알바트로스
Porte-musc de Sibérie sahyangnolou	사향노루
Chevreuil d'Asie nolou	노루
serpent bém	뱀
araignée geomi	거미
calmar odjingeo	오징어
écureuil dalamdjwi	다람쥐

tigre holangi	호랑이
Dinde tchilmyeondjo	칠면조
tortue geobougi	거북이
Cerf d'eau golani	고라니
baleine golé	고래
sanglier méttwédji	멧돼지
loup neuktté	늑대
zèbre eolloungmal	얼룩말

Calendrier

달력   dallyeok

lundi
wolyoil

월요일

---

mardi
hwayoil

화요일

---

mercredi
souyoil

수요일

---

jeudi
mogyoil

목요일

---

vendredi
geumyoil

금요일

---

samedi
toyoil

토요일

---

dimanche
ilyoil

일요일

---

janvier
ilwol

1 월

---

février
iwol

2 월

---

mars
samwol

3 월

---

avril
sawol

4 월

---

mai owol	5 월
juin youwol	6 월
juillet tchilwol	7 월
août palwol	8 월
septembre gouwol	9 월
octobre shiwol	10 월
novembre shibilwol	11 월
décembre shibiwol	12 월

Nourriture

음식   eumshik

bœuf sogogi	소고기
bière mékdjjou	맥주
boisson eumnyo	음료
bouteille byeong	병
bol geuleut	그릇
petit-déjeuner atchim	아침
Pain ppang	빵
poulet dakkogi	닭고기
soda saida	사이다
cola kolla	콜라
nouilles froides néngmyeon	냉면

planche à découper doma	도마
Mandu mandou	만두
Jjigae djjigé	찌개
pâte de poisson eomouk	어묵
riz frit bokkeumbap	볶음밥
Nouilles instantanées lamyeon	라면
kimchi gimtchi	김치
déjeuner djeomshim	점심
repas shikssa	식사
viande gogi	고기
lait ouyou	우유
nouilles myeon	면
pancake pénkéikeu	팬케이크

assiette djeopsshi	접시
porc dwédjigogi	돼지고기
riz (cru) / riz (cuit) ssal / bap	쌀 / 밥
fruits de mer hésanmoul	해산물
plat d'accompagnement bantchan	반찬
snack gwadja	과자
table shiktak	식탁
eau moul	물

Fruits et legumes

과일과 채소   gwailgwa tchéso

amande
amondeu

아몬드

pomme
sagwa

사과

avocat
abokado

아보카도

banane
banana

바나나

carotte
danggeun

당근

céleri
sélleoli

셀러리

cerise
tchéli

체리

maïs
okssousou

옥수수

Fruit du dragon
yonggwa

용과

durian
doulian

두리안

ail
maneul

마늘

pamplemousse
djamong

자몽

raisin podo	포도
Haricot vert kkeopdjjilkong	껍질콩
Jujube détchou	대추
kiwi kiwi	키위
Kumquat geumgyoul	금귤
poireau likeu	리크
citron lémon	레몬
laitue sangtchou	상추
citron vert laim	라임
mangue manggo	망고
champignon beoseot	버섯
Fruit à coque gyeongwa	견과
olive ollibeu	올리브

oignon yangpa	양파
orange oléndji	오렌지
pomme de terre gamdja	감자
pêche bokssounga	복숭아
cacahuète ttangkong	땅콩
poire bé	배
petit pois wandoukong	완두콩
ananas painépeul	파인애플
prune djadou	자두
citrouille hobak	호박
radis mou	무
fraise ttalgi	딸기
pastèque soubak	수박

Voyage

여행　　　yeohéng

hébergement
souksso

숙소

---

avion
bihénggi

비행기

---

aéroport
gonghang

공항

---

valise
yeohénggabang

여행가방

---

plage
hésouyokdjjang

해수욕장

---

pont
dali

다리

---

bus
beoseu

버스

---

gare routière
gosok teomineol

고속 터미널

---

arrêt de bus
djeongnyoudjang

정류장

---

heure de fermeture
pyédjeom shigan

폐점 시간

---

pays étranger
héwé

해외

---

phare deungdé	등대
voyage à l'intérieur de son pays goungné yeohéng	국내 여행
carte djido	지도
montagne san	산
heure d'ouverture gédjeom shigan	개점 시간
voyage à l'étranger héwéyeohéng	해외여행
passeport yeogwon	여권
station yeok	역
métro djihatcheol	지하철
taxi téksshi	택시
ticket pyo	표
guide touristique gwangwanggaideu	관광가이드

Corps

몸   mom

cheville balmok	발목
bras pal	팔
dos deung	등
sang pi	피
os ppyeo	뼈
mollet djongali	종아리
joue bol	볼
poitrine gaseum	가슴
menton teok	턱
clavicule swégol	쇄골
fossette bodjogé	보조개

oreille gwi	귀
lobe d'oreille gwitppoul	귓불
coude palkkoumtchi	팔꿈치
oeil noun	눈
sourcil nounsseop	눈썹
visage eolgoul	얼굴
pilosité faciale souyeom	수염
doigt songalak	손가락
ongle (main) sontop	손톱
poing djoumeok	주먹
pied bal	발
front ima	이마

tache de rousseur djougeunkké	주근깨
cheveux meoli	머리
main son	손
tête meoli	머리
coeur shimdjang	심장
talon dwikkoumtchi	뒤꿈치
index geomdji	검지
genou mouleup	무릎
jambe dali	다리
lèvre ipssoul	입술
majeur djoungdji	중지
moustache kossouyeom	콧수염

bouche ip	입
muscle geunyouk	근육
nombril békkop	배꼽
cou mok	목
nez ko	코
paume de la main sonbadak	손바닥
bouton / acné yeodeuleum	여드름
auriculaire sodji	소지
annulaire yakdjji	약지
épaule eokké	어깨
peau pibou	피부
plante des pieds balbadak	발바닥

ventre wi	위
cuisse neobdjeokttali	넓적다리
gorge mok	목
pouce eomdji	엄지
orteil balgalak	발가락
ongle (pied) baltop	발톱
langue hyeo	혀
dent i	이
taille heoli	허리
poignet sonmok	손목

Merci

Merci encore d'avoir choisi mon livre !

Vous êtes désormais en bonne voie pour apprendre plus de 1 650+ mots et phrases en coréen, et nous espérons que vous avez apprécié notre cahier de vocabulaire en Hangeul pour débutants

Si vous avez aimé apprendre le coréen avec nous, nous aimerions beaucoup que vous nous fassiez part de vos progrès dans un commentaire.

Nous cherchons toujours à savoir ce que nous pouvons améliorer afin d'offrir de meilleurs ouvrages aux futurs apprenants. Notre objectif est de proposer le meilleur contenu possible pour l'apprentissage des langues !
N'hésitez pas à nous écrire par e-mail si vous avez rencontré un problème avec le contenu de ce livre :

hello@polyscholar.com

Rendez-vous sur www.polyscholar.com pour vous procurer mon premier livre, Apprendre le coréen pour les débutants, ainsi que nos autres manuels linguistiques.

Envie de travailler votre grammaire et l'ordre des traits en coréen ? Jennie a écrit un best-seller qui traite précisément de ce sujet. Consultez https://www.amazon.fr/dp/1838495584 ou scannez le code QR pour le découvrir sur Amazon, ou recherchez-le partout où l'on vend des livres.

https://www.amazon.fr/dp/1838495584

Merci

Merci

www.ingramcontent.com/pod-product-compliance
Lightning Source LLC
Chambersburg PA
CBHW081659120626
46550CB00010B/2956